諦めない女たち

ヨウコ チェリル ニール

いとう よしみ

藤原 栄子

桐原 幸来

房州 里香

阿部 リサ

須恵 ありさ

宮口 真由美

ケイコ ベスト

金丸 敦子

日本地域社会研究所　　　　　　　コミュニティ・ブックス

はじめに

　本書を手に取ってくださり、ありがとうございます。
　「人生は旅」と言います。悩みながらたくさんの経験を重ねていくその旅は、結果的に一人ひとりの、いわば魂を磨く旅なのかもしれません。

　ビジネスは現実的なもので、抽象度を高くして考えていたのでは前に進めないことが多いです。現実を良くするために頑張っていると、ある頃から目の前の現実を超えていくような壮大な世界を見ていくことになる。これはビジネスをしているからこそ、経験できる醍醐味と言っていいのではないでしょうか。ただお金を稼ぐためだけでなく、違う大きなものが見えてくるのです。

　私達が何のために働いて、何のために生きているのか、というような疑問に近づいている一つの証ではないかと私は思っています。ビジネスを通して、感謝ができる人になれたり、貢献したいという気持ちが大きくなる。仕事とはただお金のために続けられるものではないと、私もある頃から思うようになりました。

　私のこれまでの人生は、いつも仕事での自分と向き合う現実がありました。仕事は生きるためでありましたし、そこでの生き甲斐を求めてきました。ある頃から、仕事が私にとってお金を稼ぐだけのものではなく、もっと大きく広い世界をイメージできるものに変化していったのは、仕事と人生を切り離すことなく考えられるようになってからです。現実に生きている自分が、どこに向かっているのかをビジネスを通して実感したときでもありました。

　本書を出版することになったきっかけは、自分の本の出版の経験によるところが大きいのですが、運よく良い機会をいただき、私自身 2022 年 8月に出版。実際に本を書きだすと、様々な自分の歴史が蘇り、ずっと忘れていた事象やなぜそのときそうしたのか、というようなことも、すんなりと自然に受け止め理解できたのです。本を書くことで、人生がまとまり、これから先の仕事や生きることの目的が明確になりました。

　「皆、書けばいいのに」これが本書の出版の動機です。そして、諦めないでコツコツと、あるいは粘り強く、あるいは大胆に、頑張っている女性達の姿と思いを本にすることで、きっと、今はまだ前に進めず悶々としている人や、半分諦めかけている女性達の背中を押せるかもしれないと思うようになりました。

　職業について私達は意外に知らないのではないでしょうか。
　同じ職業でもその中身は違ったり、そこにはそれぞれの方の思いが込められていて、一言での職業というくくりでは、それぞれの人のビジネスに対する真実は理解できないのではないかと思います。実際に諦めずに仕事をしてきた人達に書いてもらったほうがいい。読

者の方達にとって、女性起業家達のライフスタイルや事業に対する情熱を受け取っていただき、参考にしてご自分の意欲と力につなげていただきたい。起業を目指している女性達の後押しにもなるのではないかと考えました。そうして本書の出版が決まったのです。

　仕事が上手くいくと、女性は優しくもなります。彼女たちの仕事に対しての熱意や情熱はどこから生まれるのか、原稿を読んでいて私自身がそんなことを想像して楽しんでいます。

　多くの女性が自立したいと願っていると思いますが、最初の一歩足が前に出ないと聞きます。そういった方達がこの本を読んで「諦めない女たち」は特別な存在ではなく、やりたいことをやって、諦めずに続けてきた。その姿や想いを感じ取っていただけたら、きっと「自分にもできるかもしれない」と思えるのではないでしょうか。そしてまた、諦めない女たちがいることを、多くの方に知ってもらいたいです。何度も言いますが、今の成功は、諦めずにやって来た結果だということだけです。辛いことも大変な経験も、いかに楽しみながら前を見るか、そうして諦めずにやってきた女性起業家達です。

　本書には、仕事と人生で生き甲斐を感じながら、諦めずにやってきた結果と熱い想いがあります。自分を大切に扱いながら、時には歯を食いしばって諦めずにやってきた。そんな女性達が「諦めない女たち」です。彼女たちの生（なま）の姿を知っていただくことが本書出版においての目的です。

　これから起業したいと考える方や、進行中だけどもっと頑張りたい方、少し悶々としているあなたの参考にしていただけたら幸いです。

桐原幸来

諦めない女たち

目次

第1章 諦めない女たち

Yoko Cheryl Neal

About me and my business

Profile

■名前	Yoko Cheryl NEAL ヨウコ・チェリル・ニール	
■生まれ	1961 年	
■出身地	北海道	
■所在地	California, USA	
	オレンジ市・カリフォルニア	
■趣味	動植物の世話・アルゼンチンタンゴ・シャンパン	
■血液型	AB 型	
■星座	みずがめ座	

石とのエネルギーマッチング

　生まれつきの虚弱体質を、太極拳と気功で克服。大学 1 年のときに太極拳と気功の師範になり、それ以降、8 万人を超える人々に指導し続けている。《氣》《エネルギーの種類・動き》に接し、続けているうちに、鉱物から出ている特殊な信号をキャッチするようになり、それを言語化し、石からのメッセージとして人々に伝え、石と人とのマッチングをしている。　プライベートでは、3 度目の結婚が思いのほか長続きしている。動物保護団体に長年属しており、殺処分直前の犬達を引き取り育てる。また、観葉植物の世話がなによりの癒し。ほぼ毎日シャンパンを飲んでいる。

● **Company Name**

　あげまん本舗

● **Web Site**

　https://ameblo.jp/agemanhonpo/

● **Business 事業内容**

　鉱物、主にクリスタル系と人のエネルギーマッチング・鉱物からのメッセージを通してのカウンセリング

独立・起業のきっかけ

　夫が独立し、オフィスビルに移動したのを機に空いたホームオフィスを活用し、石と人とのマッチングを事業として本格的に取り組むことを決意。

起業へ一歩踏み出すために大切にしたこと

　「ただの石屋にはならない」と決めたこと。マッチングをしてみると、石が欲しいと思っている人の波動と石の波動が共鳴しない、すなわち助けにならないという場合もあるので、そういうときはいくら気に入っていただいたものでも販売しないと決めた初心を忘れないようにしている。

起業して良かった点

　石を譲った後に、いろいろなお声をいただき、「状況がこんなふうに変わってきました」とか、「精神的に安定してきました」等の報告をたくさん受け、少なからず自分が取り組んでいることが、誰かの助けになっていると思えることがやりがいに繋がっています。また、起業してそれまで知りえなかった人達との人脈もでき、信頼関係を築けたことが何より自分の宝となっています。

大変だと感じた点

　こだわって選んだ石をエネルギー的に合う人にしか渡さないということは、誰も合う人が見つからない石も多く、在庫として抱えることになる場合もあり、先行投資の資金繰りにはいつも苦労しています。もともとが大雑把な性格のため、経費の計算やセッションの細かいスケジュール割り等がとても苦手で、一人でこなすのに四苦八苦しています。

今後の展開

　俗に言う「スピリチュアル」のフワフワした視点からではなく、気功などを通して実践してきたエネルギーの動きや質を、鉱物という一見動きのない物から見出し、それを最大限に生かす方法をさらに追求し、さまざまな人々に広めていきたいと思っています。

With/Post コロナでの変化

　その人に合った石を提供するという仕事は、実際に見て触って感じて石を選ぶという場合が多く、コロナを機に機会がグッと減ってしまったので、提供できる石の数に限りができてしまったのが一番のダメージでした。取引しているブラジル鉱山の会社とビデオや写真で品定めをして注文もしてみましたが、やはり自分で触って確かめないと納得いかない物がほとんどでした。石は日常品ではないので、コロナで生活が反転したりすると、節約のために真っ先に削られるカテゴリーであるため出番待ち（在庫）が増えました。もともとオンラインが主で日本をはじめさまざまな国に出荷していたので、暇になった以外は仕事の形態に変化はありません。ただ、日本に行って実際にクライアントに会い、セッションするチャンスがなくなってしまい少し寂しく感じています。

起業を志している人へのメッセージ

　私の場合、一大決心をして起業したのではなく、長年携わってきた「目には見えないが何かある」という氣、またはエネルギーをどうにか役立てたいという気持ちが先で、利益等は考えないスタートでした。本来ならそういう無計画な起業の仕方はお勧めできないところですが、社会という大きな枠組みではなくても、先に形をつくってから動こうとするとなかなか行動まで繋がらないけれど、何か自分が貢献できることがあれば、それを継続して極めていけば新しい枠組みができてくるかもしれないと思い、ポイントを押さえ、動きながら形を整えていくという方法を選択しました。

この子は全盲になるかもしれない

　小学低学年のときに突然右目が見えづらくなり、いろいろな検査をした結果、「この子は全盲になるかもしれない」と医者に言われました。父は普通の勤務医で、早くから西洋医学に限界を感じ、東洋医学を独自で勉強していました。目が見えなくなるなら、生きていく道は指圧師になるしかないと思ったようで、私に「人体のツボ」というものを教え込みました。

　毎日、父と母の背中を押し、経脈がどう通っているか、どの程度の強さで押せばいいかなどを徹底的に叩き込まれました。思えばそのとき、すでに「氣」というものに触れていたのだと思います。幸い、全盲になることはなく眼鏡で日常生活ができるようになりましたが、その後も毎晩、両親への指圧は続きました（してやられた感満載です）。目がよく見えない分、鼻と耳の感度は犬並みに鋭くなった上に、指圧の日々で手の感覚も繊細になったと思います。私が最終的に鉱物に繋がったのも、こういう道筋があったからかもしれません。

　結婚・渡米・離婚・無職・極貧・不法滞在等、ほぼ20年間は「暗黒の時代」で、食べていくだけで精一杯。人のことはおろか、自分の身なりすら気に掛ける余裕もありませんでした。すべてが闇。自分がどこを向いているのか、どっちへ向かえばいいのか、まったくわかりませんでした。40代で心臓発作による臨死体験をしたときに見た光の世界が、今でも鮮明に記憶に残っており、何か不測の事態が起きて慌ててしまうときは、それを常に思い出すようにしました。現実逃避といえばそれまでかもしれませんが、私にはその光こそが希望でした。

　慌てない、焦らない、比べない。たとえ死んだとしても、最終的にあの光に包まれるなら何も怖いことはない。そう思えるようになったのは50歳を過ぎてからです。一般的にはめちゃくちゃ遅い第一歩。

　そこから起業に至るまでさらに数年を要しましたが、それぞれ皆、その人なりのタイミングがあるのだと思います。何かしなくては、と焦れば焦るほど視野も狭くなり呼吸も浅くなる。

　立ち止まるのもあり。引き返すのもあり。強引に突き進んでいくのもあり。失敗なんか、もっとありです。だから、なんでもありあり。これが私の生き方になり、随分と楽になりました。

あげまん本舗の石とのマッチング

　石は持ち運びに邪魔にならない大きさから、大人2人がかりでも持ち上がらない大きな物まで扱っています。用途に合わせて石を調達するのですが、先にも記したように「合わないならお金を積まれても譲らない」方針なので、とくに大きな石のときはカウンセリングが何より大切です。

　アメブロのサイトには、写真・動画と共に「この石からのメッセージ」を載せてあります。メッセージが響く場合や石の姿が心に刺さる、というときに申し込みをしていただくのですが、ただ「欲しいです」というだけなら、間違いなくその人のところにはその石は行きません。なぜその石が欲しいと思ったのか？　何でもいいのでメッセージを書いてもらうようにしています。それを読んで、その石とその人の状況や心情のヘルプになりそうだったら、初めて候補に残ります。数人が残った場合、ときには何日か費やして誰と一番合うか確かめてから決定しています。

　個人的に「自分に合う石を探して欲しい」というのも受け付けていますが、一つ探すのに時間も手間もかかるので、数カ月待ちということもよくあります。

あげまん本舗の石との付き合い方

　石を手に入れたからそれでオッケーになるのではなく、最終的に一歩踏み出すのも変えるのも自分であり、石はその補佐をすると考えて欲しい。

　あげまん本舗の石を手に入れたことがすでに運命が動いているということなので、そのチャンスを活かすのがコツ。言葉こそ発しないが、貴方の手元に行った石は常に貴方を見ている。「見ている」というのは、もちろん目で追っているというのではなく、貴方のエネルギーに同調し、ときには厳しく（強制的に進路変更を余儀なくされる状況がきたり）、ときには優しく貴方を包み込んで癒したりしてくれる。

　そんなのは気のせいだ、と思うかもしれない。そのとおり、それはすべて「氣」（エネルギー）のせいだと私は考えています。人間も鉱物も何らかの信号を常に発しており、それらが共鳴したり反発したり混じり合ったりして今この現在・瞬間を創り出しています。そう考えると、何となく気になった石、なんていうのはお互い惹き合ったのだと思うし、ましてや手に入った石ならさらに「何か」を共同作業で成し遂げられるのでは？　と考えるとワクワクしてきませんか。

　自分の手元にやってきた石は、常に手に取って見つめたり話しかけたりして欲しい。よく観察して いると、今まで無かったところに虹が出たり、色が変わったりと、石が変化しているのに気づくことでしょう。目に見えないエネルギーが、こんな形で貴方の進歩や変化の証拠を示してくれるのだと考えると、何万年も前から地球に存在している人間の大先輩である「鉱物」の驚異に、改めて敬服せざるを得ません。

My favorite word

あ り あ り 、 な ん で も あ り

Atsuko Kanamaru

About me
and my

business

Profile

- ■名前　　金丸敦子
- ■生まれ　1967 年
- ■出身地　東京都
- ■所在地　神奈川県
- ■趣味　　身体を動かすこと
- ■血液型　O 型
- ■星座　　牡羊座

美顔サロン経営

　体育会系の私が、ある日プール帰りに友人に「お昼寝しに行こう」と誘われて初めて行った美顔サロンでの経験と、出会いがきっかけで美容に興味を持つようになりました。その後、資格取得を経て美顔サロン経営に繋がり、オールハンドで機械を使わない美顔サロンを小田急沿線駅近に2店舗経営。

● **Company Name**
　株式会社 glad fine

● **Business 事業内容**
　化粧品販売、美顔サロン経営

● **Web Site**
　https://beglad-595.jp/

独立・起業のきっかけ

　OL のときにとても楽しそうに美容の仕事をする姉を見て、興味から美容の技術認定にチャレンジして合格したのがきっかけで独立を意識するようになりました。姉と同じように楽しく仕事がしたいという憧れが独立することに繋がりました。

起業へ一歩踏み出すために大切にしたこと

　仕事で関わりを持った方たちからの学びが多く、いろいろ丁寧に教えてくださり、人の優しさにふれました。関わった方たちに感謝して「有難うございます」を形にすることの喜びを、多くの人たちに伝えていくことです。

起業して良かった点

　OLのときは毎日のルーティンをこなすのに必死だったので、時間を自由に使うことは考えたこともなかったのですが、起業したのをきっかけに「これからの人生どう生きるか？」を考えるゆとりが持てるようになり、イメージが膨らむようになったことです。お客様の紹介やさまざまな業態の経営者の方々との新しい出会いが多くあり、コミュニケーションをとることで多くの気付きに繋がっています。

大変だと感じた点

　今まで夢中でやってきたので、大変だと感じたことはなかったけれど、今のスタッフそして事業に関わる多くの方の人生を共により豊かにしていくためにリーダーとしての責任を重く受けとめてます。

今後の展開

　お客様とサロン独立を目指しているメンバーの方たちに少しでも喜んでいただけるように、日々「美しく生きる」を追及していきます。とくに独立サロン経営などを目指している方（年齢関係なく）への応援に注力していきたいと思っています。

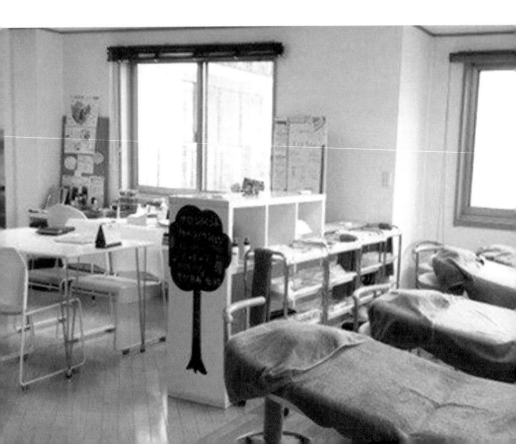

With/Post コロナでの変化

　美顔サロンなので、自粛要請でほぼ 2 カ月間はサロンを閉め、スタッフも自宅待機にしてました。その間は商品購入のご連絡を受け宅配で送る作業をしながら、今後のことを考える日々でした。試行錯誤する日々でしたが、コロナ禍以降は動画で伝えられる部分も多いことに気づき、現在スキンケアの動画を制作しています。外に出る不安を抱え、美容から離れていかれた方もいらっしゃいますが、新しく始められる方も多く、自宅にいて学ぶことができ、コミニュケーションがとれる環境づくりに力を入れていきたいと思っています。

起業を志している人へのメッセージ

　美容の仕事を始めるときに「この仕事は結婚してからも、子どもが生まれてからも、親の介護が始まってもできるし、定年もないのよ」と大先輩から言われたことが強く心に響き、この仕事を選んだことを思い出します。続くか続かないか、やれるかやれないか等を考えるのではなく、やりたいことかどうかを大切に、心の声に正直に自分らしく取り組んで形にしてほしいと思います。

サロンが私の希望の場所

　サロンが同業を目指す方たちの夢を語る場所で在り続けたい。美容関係も他の業種同様、二極化の時代を迎えています。時勢を反映してか、スキンケアに関して無頓着になったり、逆に素肌美を追求したりいろいろな方がいらっしゃいます。健康な肌になりたい。メイクが上手になりたい。眉を整えカッコ良くなりたい等、いつの世代も女性美は永遠のテーマです。サロンでその方々に合った美顔やメイクの提案をしながら、「自分らしく美しく生きる」にこだわって、「夢繋ぎ人」としてその役割を担っていきたいと思います。

My favorite word

喜んでくれることを喜んでする

About me
and my

business

トータルビューティーカラーコンサルタント

人が色から受けるエネルギーをビューティー＆メンタルに最大限の味方につけることを提案。学生時代、音楽学校でピアノを学び、その後、幼児教育に携わっていたが、もともと大好きだったファッションの道を選び、輸入衣料を扱うセレクトショップに就職。そこで店長兼バイヤーを経験したのち結婚。その後、離婚をするにあたり自立を考えたときに何が自分にできるかを考え、「外見も精神面も綺麗で健康に」をテーマにビューティー＆ファッションの道を選択。パーソナルカラー、カラーセラピーも学び、色の判断をするのに肌の色が重要なため、それを指導できるスキンケアを学びカラーメイクアーティストとして独自のトータルビューティーを提案。現在は第二の人生を共にできる伴侶を60歳目前で得て、夫もクリエイティブ系ということで、共鳴し合いながら人生においても新たなリスタートを切り始めている。

● Company Name
Alisa Closet

● Web Site
https://alisa-closet.com/

● Business 事業内容
・カラーコンサルティング全般
・パーソナルカラー診断
・パーソナルカラーメイク
・同行ショッピング
・カラーセラピー
・スキンケアアドバイザー

独立・起業のきっかけ

20代のときに海外輸入ブランドショップに勤め、店長、バイヤーを務める。お客様のスタイリングコーディネートのアドバイスを通して、お客様の綺麗に変化する瞬間の嬉しそうな笑顔にやりがいを感じ、喜んでもらえる方をたくさん増やしたいと思ったのがきっかけになりました。お客様にお似合いかどうかを伝えるとき、色がとても左右するアイテムであることを感じ、色の勉強を始めました。私は接客する中で以前から流行を追いかけたり人の真似をするだけではなく、その人らしさを大切に、人それぞれの良さを自分自身で知って自信を持って服や物を選んでもらえたらという思いをもっていました。カラーセラピーにおいては、色が外見に影響を及ぼすだけでなく、精神的にもとても関係していることを知った上で自分に似合う色を取り入れることが大切だと感じています。

起業へ一歩踏み出すために大切にしたこと

人と同じようなレールの上に乗った道を選ぶほうが安全なのかもしれませんが、自分が何をしたいのか、自分の心が喜ぶことは何かと思ったときに少し厳しい道かもしれないけれど、安定よりも自分の得意に思える物を活かして生きていきたいと思いました。どんなときも諦めずに続けていくことが自分にとって何より大切だと思っています。夢は描かなければ始まりません。自分自身が欲していることならば努力を惜しまず取り組むことができます。そして周りの人、関わってくださる方々に心から感謝することを何より大切にしていこうと自分と約束しました。

起業して良かった点

　色の大切さを感じてもらい、色が私たちの日常にどれだけ多く関わっているかということを知ってもらえることです。色の効果を知ると、自分自身の世界がより広がり、カラーコンサルティングを受けていただくことで自分らしさを客観的に見つめ自分をもっと好きになれたり自信を持っていただけます。私自身もお客様から反対にありがとうというお言葉や素敵な笑顔をいただけたりすることで自分にもパワーが湧いてきて、幸せな気持ちになります。

大変だと感じた点

　私がカラーの仕事を始めた頃はまだあまりパーソナルカラーというものが世の中に浸透していず、カラーを仕事にしているということを理解してもらうのが大変でした。今でこそだいぶ浸透してきましたが。カラーを仕事につなげるということが思いの外、大変でした。一度見てしまえばカラーは一生ものではあるので、常に新規のお客さまをとっていかなければいけないことが大変です。

今後の展開

・パーソナルカラー診断
・カラーセラピー診断
・同行ショッピング
・カラーコンセプトに基づいた商材の販売
・スキンケアにおける販売

With/Post コロナでの変化

　今までの当たり前が当たり前でなくなってしまった今、人との関わりが希薄となって、どのように人とつながっていけるのかを模索し、メンタルな部分のフォローを色を通してできたらいいなと思っています。カラーセラピー診断で出た色を生活の中に取り入れられるような商品を提案していくことにも力を入れていきたいと思って企画しています。ネットでできることにチャレンジしながら、現実世界でしかできないことも並行して取り組んでいきたいと思っています。

起業を志している人へのメッセージ

　お金を稼ぐという目標だけではなく、自分自信をよく見つめ、何をしていきたいのか、自分はどんな人間なのかを知って、魂の喜ぶ方向に打ち込んでいくことが大切だと思います。人と同じ道を通らなくても自分自身を信じて諦めずに続けることが一番の成功といえると思います。そして自分だけではなく、人々が喜ぶことを提供できたときの充足感を感じていただきたいと思います。

自分という人間は、唯一無二の存在

　個性的とはどういうことでしょうか。誰かと同じじゃないと心配。中には人と違うことを恐怖に感じてしまような方もいます。協調性という言葉をよく使いますが、その意味は人と同じでなければいけないということではありません。みなさんも自分という人間は、唯一無二の存在であるということをどうか思い出してください。

　自分と違う畑のものを真似しようとすると、ある意味それは仮装になってしまう場合もあるのです。違和感が生じるのです。

　自分を知るために、そして自分に自信を持って前に一歩踏み出す力の一つとして、色の力を味方につけるという手段もぜひ知ってほしいと心から願います。

NFT アートに挑戦

　最近、多くの NFT プロジェクトの情報を目にするようになりました。ネット情報だけではなく、テレビやニュースでもたびたび NFT アートが話題にあがり、新たな市場として活気を見せ始めています。NFT は、暗号資産（仮想通貨）と同じブロックチェーンの仕組みを応用することで、さまざまなデジタルコンテンツを、誰が所有しているかを記録するための技術です。NFT によって、デジタルのイラストや 3D アートなどの所有権を売買できるようになりました。

　アートディレクターでアーティストでもある夫が、先日、Opensea で自分の作品の販売を初めました。新たなステージへと世の中が移行する波に乗り新しいアートの世界に一歩踏み出したのです。

　NFT は株や暗号資産、不動産などと同じように時間の経過とともに価値が変動するものなので、個人アーティストのデジタル作品は、まだ気づかない価値を生み出す可能性も高く、希望を感じています。夫の作品に込めた思いを NFT アートという形で世界に発信していくことは、私達夫婦にとって楽しみでもあります。主人の作品のコンセプトを自分なりに解釈して、「このコンセプトには、このカラーがぴったりじゃない？」という中で、私も色という分野でディレクションに関わり、2人で新たな分野に挑戦です。

　目標に向かって新しい仕組みなどを勉強することも、これからは必要だと感じています。これからも日々学び、新たなチャレンジを続けていきたいと思います。

©product by Tatsuo Ebina

My favorite word

人事を尽くして天命をまつ

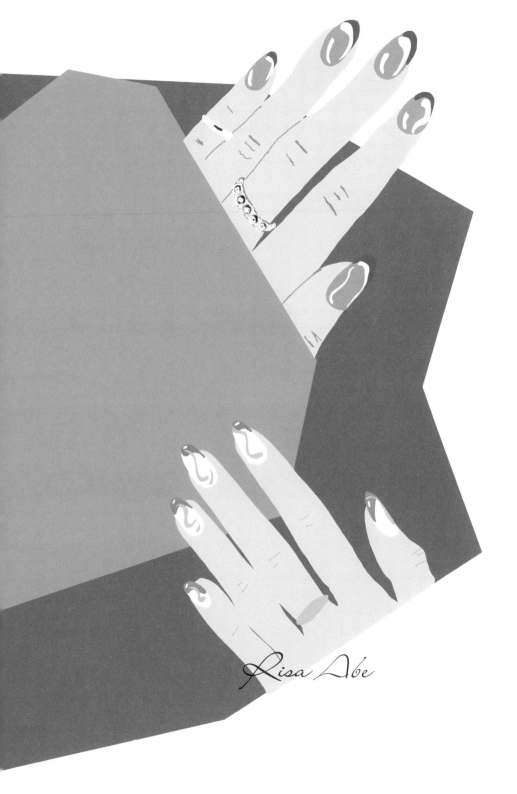

Risa Abe

About me
and my

Profile

- ■名前　　阿部リサ
- ■生まれ　1971 年
- ■出身地　東京都
- ■所在地　神奈川県
- ■趣味　　美味しい食事と美味しいお酒を楽しむこと
　　　　　華道、ハーブにまつわるさまざまなこと
　　　　　旅行、ものづくり
- ■血液型　Ｂ型
- ■星座　　かに座

ヘルス & ビューティー複合的サロン

　20 代前半は仕事に追われ気味でした。後半から 30 代前半は趣味にも大忙し。シーズンは毎週スノーボードをしに雪山へ出かけていたし、スキューバーダイビング、ダンス、ゴルフ、旅行と動き回る日々でした。興味あることはまずはチャレンジ！　30 代後半に結婚し、いけばなのお稽古を開始しました。妊活、不妊治療を機に、元々アレルギー体質であり、食事、栄養バランス等、身体に良いことに興味を持ち始めました。出産後、ネイルサロンをオープン。花やハーブも大好きで、漠然ともっと勉強したいと思っていたところ、エディブルフラワー、ハーブ、スパイス、アロマ等興味のあることすべてを学べる師匠との出会いがあり、学び始めてもうすぐ 4 年目になります。
　ハーブのさまざまな効果、使用法について興味深く学んでいる中、まったく違うところから、ミラクルプランツ「ヘナ」に出会い、その素晴らしさに衝撃を受け、ヘナ認定インストラクターを取得。アロマもメディカルの観点で取り入れたいと思い、メディカルアロマ QOL プランナーも取得しました。仕事や趣味がバラバラなようだけど、自分の中では点が線で繋がった感じです。
　自分の直感を信じ、「こうなりたい」とイメージしていると現実になるものだと信じているので、引き寄せの法則ってあると感じています。2022 年 10 月、おかげさまで 7 周年を迎えることができました。今年 9 歳になる娘の育児真っ只中ではあるけれど、今後はヘルス & ビューティーを目指し複合的サロンへ移行予定です。

● Company Name

ネイルサロン Solaris《ソラリス》
メディカルアロマ Solaris
生田バル Caravelle《カラベル》

● Web Site

https://beauty.hotpepper.jp/kr/slnH000333180/

● Business 事業内容

ネイルサロン Solaris　◎ネイルサロン　◎歯のホワイトニング
メディカルアロマ Solaris
　◎治療を目的に、植物の薬効成分を活かした精油のレシピを普及、お作り会ワークショップ開催
　◎ヘナ体験会（セルフヘナトリートメントのレクチャー）
生田バル Caravelle。飲食店

独立・起業のきっかけ

　独身時代、グラフィックデザイン、アパレルデザイン、イベント等のサービス業を経て、結婚後はオープン当初から手伝っていた主人の営む飲食店を共に運営。メニュー開発やイベント等、店づくりという観点で、クリエイティブのスキル、サービス業のスキルを活かすことができ、仕事＝ライフスタイルというような日々が約 5 年。出産後、育児をしながら夜仕事をするのが難しくなり、別の仕事をしようと決意。好きでセルフでやっていたネイルのサロン経営に興味があったため、娘が 2 歳のときにネイルサロンを立ち上げました。

起業へ一歩踏み出すために大切にしたこと

　人生何においてもやるか、やらないかしかない。常に直感で物事、行動を選択して生きてきたので、その直感を信じて進みました。やらないことを後悔したくなかったので、開業を決意。主人が前職アパレルで、出店も多く手掛けていたため、自身の飲食店もスムーズにオープン。業種は違えど出店に関しては慣れていたため全面的にサポートしてもらい開店。とはいえ店舗オープンはリスクも多いので、できるだけお金をかけずに始めるよう心掛けました。

起業して良かった点

　土地柄もあり、目指していた地域密着のサロンとなり、たくさんの良いお客様と出会えました。ネイルというツールから、施術中対面で向き合う時間は当然接客ではあるけれど、多くの方から多くの学びがあり、仕事をしながらにして、ためになること、逆に楽しませていただく事が多々あり、お客様の笑顔を見られることがやりがいに繋がりました。指先が綺麗になって「テンション上がるっ！」「明日からまた仕事頑張れます」等の言葉をいただくと、やっててよかったなぁと思い、お仕事で、女性の心を豊かにすることに携われ、本当に感謝の気持ちでいっぱいです。

大変だと感じた点

　すべては自己責任。当然ながら、当たり前のように月給が貰えるお勤めとはまったく違うことです。

今後の展開

　今後の展開としては、ネイルサロンを基盤とし、「指先の美」のみならず、女性のトータルビューティーを目指す複合的サロンの構築が目標です。
　ワークショップや体験会等、随時開催予定。メディカルアロマやヘナを用いて、植物の自然の力を最大限に活かしていきます。身体の内側、外側両方からアプローチし、心身共に健康で美しく、女性性を豊かにするお手伝いをする方法を考案中。その一環として、いけばなもワークショップ形式でお伝えして行く予定です。

With/Post コロナでの変化

　コロナによりさまざまな職業の方が大変な思いをされたと思います。わが家も飲食店は大打撃。ネイルサロンのほうも、継続的にネイルを続けていた方がコロナを機に止めてしまったり、イベント事の際にのみされる方は、イベント自体が一切なくなったので皆無でした。厳しい日々が続き、本当に激動の２年半でした。多かれ少なかれ誰もがそうだったと思います。そして人々のライフスタイルや価値観が多様化し大切なこと、大切な時間等が大きく変化し、コロナ前と同じようにしていても商売は厳しいと痛感。飲食店のほうは、営業時間やコンセプトを徐々に移行して、今のニーズに合うように心掛けています。ネイルサロンのほうも、ネイルという一定層

のジャンルに留まらず、幅広いニーズに応えられるようなサロン作りを目指しています。

起業を志している人へのメッセージ

　起業の一歩を踏み出すのは、とても勇気のいることだし、決断は簡単ではないと思います。諸々の必要な物を揃えたり、オペレーションの確認、運転資金の確保等、挙げれば切りがないほどの準備が必要です。そして、どんなに準備万端に整ってからのスタートだとしても、運営していく中でイレギュラーなことが必ず起きる。その上で、どの準備もとても大切で疎かにしてはならないけど、もう一つ大切なことがあります。それは、スタートする決断。これなしには何も始まらない。やるか、やらないか。どちらかの道の選択です。やる前にいろいろ心配しても始まらないし、やってからも心配事は多々出てきます。もしものときに責任が取れる範囲で始めるのが理想です。そのリスクを背負ってでもやりたいと思えるか？　絶対に失敗したくないからやるのを止めるのか？　どちらが後悔しない道かを自問自答して、しっかりと見極め決断してほしいと思います。

My favorite word

チャンス、それは生きる術。
チャンス、それは小さな存在ではない。
チャンス、それは私の魂。

展開店舗案内

★ネイルサロン Solaris

◎爪に優しく負担をかけない shellac
《シェラック》が人気。ネイルをデイリーに楽しみたい方、指先をナチュラルに美しく、オフィス系シンプルが得意です。とっておきの日のための華やかなデザインもご用意。お客様のご要望にお応えできるよう、誠意を持って対応しています。定額プランで安心の価格、日常的に続けていただけることをモットーにしています。

★メディカルアロマ Solaris

◎植物の薬効成分を活かし、免疫力アップから治療まで……。薬だけに頼らず日々の健康管理にお役立ていただける処方をお伝えいたします。

◎100%植物…セルフヘナトリートメント体験。カウンセリング後配合し、あらゆる髪のお悩みにアプローチ。まずはご相談を。

★生田バル Caravelle

◎元アパレルデザイナーの夫婦が営む、お料理からドリンク、雰囲気までこだわりが詰まった地元を愛したイタリアンバル。生地から作る本格ピッツァ、北海道直送の国産小麦を使ったもちもち生パスタ。地元野菜を使用した豊富な自家製メニュー。ドリンクもワインの他、自家製サングリア、レモネード、ジンジャーエール等が人気。

Mayumi Miyaguchi

About me
and my

Profile

- ■名前 　　　宮口真由美
- ■生まれ　　　1974 年
- ■出身地　　　大阪府
- ■所在地　　　大阪府
- ■趣味　　　　海外旅行
- ■血液型　　　A 型
- ■星座　　　　蟹座

アパレル OEM 事業

　海外貿易営業 4 年、インナーバイヤー・MD を経て、2007 年データ分析会社として起業、翌年法人化。中国・タイ生産を中心としたレディスアパレル OEM 事業開始。

　2019 年吸水ショーツ「Girls Leap」を独自開発。製造販売を始める。

　2023 年 1 月新規事業「女性アイディアを商品化する共創サービス」を開始予定。

　私生活では中学生の娘を持つ母。

● **Company Name**
　株式会社マーキット

● **Web Site**
　https://www.girls-leap.com/

● **Business 事業内容**
・アパレル OEM
（中国及びアジア各国）
・吸水ショーツ製造販売
・起業家支援

独立・起業のきっかけ

　会社員時代に経営者になるために MBA（経営大学院修士）を取得。「これからは AI の時代」だと思い、在学中に学んだマーケティングサイエンスを用いて起業。2007 年当時、データ分析のみでの仕事を受注することができなかったため、「アパレル生産とデータ分析」のセットで顧客獲得。その後、「アパレル生産」のみが残り、現在、起業 15 年目となる。

起業へ一歩踏み出すために大切にしたこと

　小学生のころ、将来の夢を題材にした作文でも「社長になること」と書いていました。子どもの頃の夢を大切にした結果、夢が実現！　父も起業しており、私の中で起業は特別なことではなく、比較的不安のない身近な世界でした。父の出張に同行し、初めて訪タイした際、自分と同じ中学生くらいの女の子が物乞いをしている姿を見て、違和感を感じました。「どこの国の人も同じように生活できたらいいな」と思ったのが自分の仕事の原点です。独立してから今まで一貫しているのは、「人の役に立つこと」。この仕事をすることでこの人のどんな役に立つだろう、社会のどんな役に立つだろうと考え続けています。

起業して良かった点

　ゼロからスタートした創業時に、中国の工場社長とエージェント、そして私の3人で「全員が家とポルシェが買えるまで頑張ろう」と約束した。その約束が5年前に実現（結局ポルシェではなく、自分たちが欲しい車）。そして工場社長が建てたビルで乾杯した瞬間。「本当に頑張ってきてよかった。どの国の人にも同じ生活を」が実現できました。

　起業することで何に時間を使うか、どんな目標を掲げるか、自分で決められます。子育てをしながら働きたいだけ働き、自分の目標を達成できる。起業は子育てとの相性が良いと思っています。

大変だと感じた点

　少し前になりますが、信頼していた中国でのビジネスパートナーが突然いなくなり、多額の借金を被ることになりました。取り立ての中には私の家族への脅しメッセージなどもあり、日々、中国語で謝罪の電話を取引先にしました。経営の責任を思い知りました。直接話すと「今まで儲かったからもう支払わなくていい」「分割払いでいいよ」と温かい言葉をもらい、何とか難局を切り抜けました。「本当に困ったらどこの国の人でも助けてくれる人は助けてくれる」と、大変な後には信頼が深まりました。

With/Post コロナでの変化

　子どもの頃、外国で感じた「違和感」が私の起業原点でここまでやってきました。この気持ちはコロナになっても変わることはありません。コロナで海外に渡航することができなくなり、日本に目を向ける機会が増えました。今の日本はジェンダーギャップ指数が高く、順位は先進国中最下位、とくに男女の賃金格差が順位を押し下げています。あの日感じた「違和感」は日本にも起こっていることに気づきがありました。

今後の展開

　「女性のアイディアを商品化する共創サービス」を立ち上げます。私が「女の子をコソコソ・ドキドキから守る吸水サニタリーショーツ」を開発した際、周りのママ友から「これがあれば便利だと考えたりするけど、実際に商品化しようと思うのがすごい」とお褒めの言葉をいただいた。女性は生活の中で「アイディア」が閃いても商品化する方法に乏しい。企業は商品化する力はあっても「アイディア」が不足している。その2つをつなぐサービスがあれば双方にとって役に立つと思い、2022年10月コミュニティを開始、今後、拡大させていきます。

今後の計画

　創業当時から 10 年以内に 10 億円の売上を目標にしてきました。結果は 15 年経っても達成できず、自分の思い描いた 15 年目ではありません。なので「売上 100 億円」を目指すことにしました。「え！　正気？」と思いますか？これが正気なんです。私が想う「どこの国の人も同じように生活できる世界」には性別も含まれています。コロナ前は世界に目を向けることが多かった私も約 3 年間日本に閉じ込められ、日本について考える機会が増えました。

　同じ国で性別が違うだけで収入格差が大きい日本。男女雇用機会均等法があってもなかなか改善されない状況です。「ならば皆で助け合いながら上昇しよう。」少し早く起業した私がこれから起業しようとする「アイディア」を持った人をサポートしよう。サポートできる規模は大きいほうがいいので「売上 100 億円目標」なんです。その夢の実現にたくさんの人を巻き込んで一緒にアップターン（好転）していければと思っています。一緒に巻き込まれてくれる仲間を募集しています。

＊「アイディア」を商品化したい人
＊商品やサービスをブラッシュアップさせたい人
＊人の「アイディア」を応援したい人

起業を志している人へのメッセージ

　私はどんな仕事をしていても「人の役に立ちたい」という気持ちを大切にしてきました。心のどこかにいつも「助けたい」という想いがあり、それが私を動かしてきました。皆さんには皆さんの「想い」があると思います。それは皆さんが経験する嬉しいことや悲しいことの中に隠れています。私の場合はタイで貧しい女の子を見たときに感じた違和感だったのかもしれません。それが、私が仕事を通じて実現したい世界「どこの国の人も同じように生活できる世界」につながっています。皆さんの中にもきっとあります。

　起業すれば時間も目標も自分で決められます。責任やリスクもあり不安を感じるかもしれませんが、知ること、学ぶことで解消することができます。女性ならではの視点を生かして、皆さんの実現したい世界をこの世に生み出しましょう。

My favorite word

絶対積極

Rika Bohshu

About me
and my

business

Profile

- ■名前　　房州里香
- ■生まれ　1973 年
- ■出身地　東京都
- ■所在地　Hawaii, USA
　　　　　日本　東京　千葉
- ■趣味　　グルメ・ワイン・スパ巡り
- ■血液型　AB 型
- ■星座　　蟹座

美容サロン経営 OEM 事業

　エステ・美容サロン起業コンサルタントと化粧品開発・OEM 等のプロダクトコンサルタントをしています。

● **Company Name**
　クリスタルプレミアムセル

● **Web Site**
　https://lac-guide.com/

● **Business 事業内容**
　・エステサロン経営
　・美容サロン起業コンサルタント
　・化粧品開発
　・OEM 制作

独立・起業のきっかけ

　大手サロン、7 年の勤務を経て、結婚を機に退職、フリーランスとなる。
　大手サロンでは、本部とスタッフとの板挟みにあいながら、仲間とのコミュニケーションを大切に過ごしました。大手サロンは、同じメニュー、コースでありながら、なんでさまざまな違いがでてくるのか。サロンの空気すら、人の出す氣で変わるんだと気がつくのに、相当時間がかかったように感じます。
　大手サロンで培った、マネジメントや、仲裁に対応、クレーム対応など、人の気で、現場はこうも変化するのかと気がついたのも、数をこなしながら身体が自然と動くようになってからでした。

起業へ一歩踏み出すために大切にしたこと

　私はとにかく良い引き寄せが多いということを自他共に認めています。人の気で変わるなら、私が良い引き寄せをいただいた分、それを組織化することはできないかと考えるようになりました。皆頼ってくれて、求められたからできる気がしてやってみた、という無計画なスタートです。

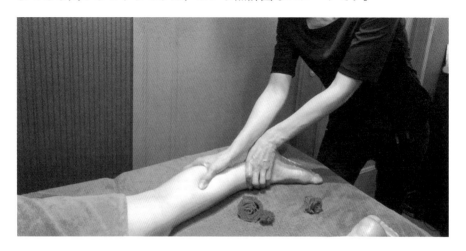

起業して良かった点

　自分の思ったとおりにできるという開放感。そして求められるとできる気がして、なんでもスタートしてしまうという、無計画・無鉄砲な行動がプラスに働き、力や気力は健康に産んでくれた親に感謝してもしきれないほど常に人並み以上でしたから、周りも、「あれ、この子よく動いてるな、応援してあげよう！」と思っていただき、協力者には困りませんでした。出産後、複数店舗のコンサルタントを手掛けるようになりました。毎日子どもの寝顔を見ることが幸せでした。なんとかなるさ、転んだら起きればいいと考えるほうなので、過ぎてしまったことは、何をどう動いていたか？あまり記憶がありません。

　勤めていた大手サロンが窮屈でしたから起業して、一つのサロンに1人の責任者がいれば、半年で起業から運営ができるようにスケジュールを立て、毎月の目標を決めて営業を共にしていきました。Plan（計画）、Do（実行）、Check（評価）、Action（改善）のPDCAサイクルでPプランを立てて、Dプランに沿って運営、Cいろいろやってみて、どうしたらもっと良くなるかをチェックして軌道修正し、Aより良いアイデアを元に、再度アクションを起こす。この繰り返しでどの時点でも、いつでも軌道修正することができ、タイミングを待つことの大切さを学びました。半年で自分の思いどおりになることが楽しく、起業の利点を感じました。

大変だと感じた点

　自分の思いどおりにできるという反面、責任がすべて自分にかかってくるということ。当たり前だけど、決断をしなくてはいけないということ。すべての人にプラスになることなどあり得ません。100か、ゼロで、中途半端はキライなので良くも悪くも、どちらかになってしまいます。決めたらそれを貫くことは反感も買いましたが大切だと思っています。一つ学んだことは、腐ったミカンが1つあると、ほぼすべて腐ってしまうように、腐った人がいると皆の足を引っ張る。それも組織の中で体験しました。

　人は体力、気力どちらもバランス良く休息が必要で、必要以上にバランスが崩れたりすると、判断力も同時に鈍るし、引き寄せも当然、悪くなるもの。判断力が鈍るほど、休息を怠ってはいけないと学びました。

今後の展開

　私が得意なことは、サロンを立ち上げて店長のカラーに合ったサロンにして譲ることです。1人ではなく、皆で楽しみながら、ときには支え合いながら。孤独なオーナーではなく仲間のいるオーナが最良だと思っています。ポストコロナでますます女性（に限らずすべての方々）に自立が問われれます。そして、幸せに生きるために、日本だけでなく世界に目を向けて活動（生活）することが必要だと身体で感じています。

With/Post コロナでの変化

　渡航や行動に制限がかかり、情報の受け取り方や受け取る場所によって、まったく違った人生になることを実感しました。今まで以上に海外の情勢から日本に目を向ける必要があると思っています。
　諦めるのではなく、どうしたらできるかを追求することを、切に願います。

My favorite word

大丈夫！なんでもできる

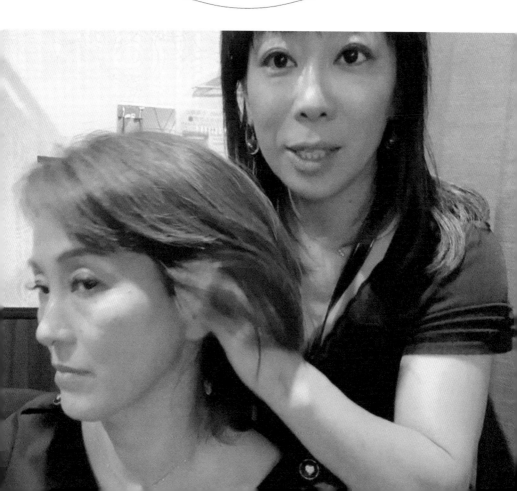

次のステージに

　コロナで海外の情勢から日本に目を向ける必要があることに気づきました。思春期をコロナ禍で過ごし、成長した娘に彼ができ楽しそうです。私も自分自身の人生のパートナーを探したいと最近思うようになりました。

　手掛けたサロンを M&A でそれぞれの店長に譲り、サポートに回り、親戚を頼ってアメリカに行こう！　この 2 年間少しずつ目標に向けて動いていました。そんな矢先に、素晴らしい幹細胞培養液アンプルと出合い、製造メーカーの社長に惚れ込み、変化する自分の顔（どんどん若返るんです）に感動。周りも気がつき、世界中の方を綺麗に幸せにしたい！　と、また新しいビジネスを構想していた矢先、持ち前の引き寄せ力が功を奏し、大きく動き出しました‼

　今まで生きてきた自分に関わってくださっていた方々との関係がこんなにも密で素晴らしい環境だったんだと、即効性の素晴らしいアンプルも加わり、ますます距離が縮まり、人生最高に幸せな日々となり、これから先、AI が前面に出る時代に肌と肌、肩と肩を合わせながら関われる環境に本当にワクワクしてきます。即効性！『30 秒で幸せに』を合い言葉に、人と人との触れ合い、美と健康、まさに今一番人間に必要なメソッドだと自負しています。

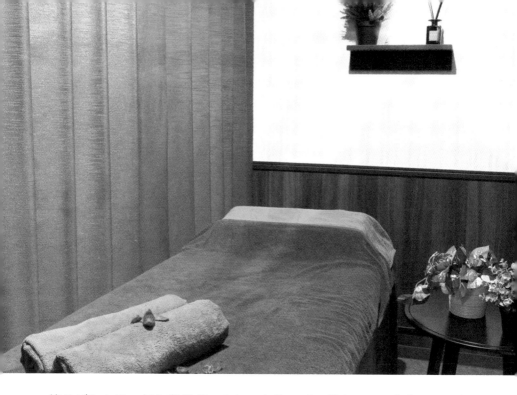

　使えばわかる、何も営業がいらない本物のプロダクトとの出会いは、私に運命的な人との出会いをもたらし、結果、最強のチームと出会うことができました。本物の仲間には言葉での説明などは要らない。感じることができるのです。

　日本からスタートし、2023 年ハワイ・ニューヨークでの展開を決めました。一人でも多くの方々に発信していくために前進します。不思議なもので、決めたら今までの 10 〜 20 年来の仕事仲間たちが、瞬時に共鳴して動き出しました。

　現在、オンラインでのコニュニケーションも主流となり、自分の一緒にいたい方々とどこにいても触れ合うことができるんです。最近は、地球儀をクルクル回して宇宙から地球を観て、2023 年の計画を立てています。リアルにビジネスを仲間たちと共有できる喜びも格別です。

　オンラインとアナログを人間として楽しむことができる環境を与えてくださった仲間たちに感謝しながら、これからの人生を心身共に豊かに幸せに笑顔の絶えない空間づくりに、全力を注ぎたいと爆走しています。

Eiko Fujiwara

About me and my business

Profile

- ■名前　　　藤原栄子（橋爪栄子）
- ■生まれ　　1963 年
- ■出身地　　岐阜県
- ■所在地　　New York, USA
- ■趣味　　　チャレンジを楽しむこと
- ■血液型　　A 型
- ■星座　　　射手座

北米に特化したマーケティング業務

　ニューヨークを拠点に、日本とアメリカを行き来し、自身で起業したマーケティングエージェンシーを営んで 20 年目に突入します。社名は、「収集した情報を、成すべき目的に応じて、整理、分析、考察し、そこから知り得た知識をマーケティングに活かすことで、クライアントや社会の役に立てる、そんなマーケティングエージェンシーを目指したい」との思いからつけました。主な業務は、日本企業のアメリカ進出支援です。業務において心掛けているのは、現地に暮らす消費者視点と経験を積んだマーケター視点の両方からアメリカ市場を捉え、"わが社だからできる独自性と新規性"をモットーに、どんなときも諦めずにベストを尽くすこと、です。

　家族は主人＋義理の娘 2 人＋義理の息子＋娘 2 人＋愛猫 2 匹。

● **Company Name**

　Knowledge Index Corporation
　ノーレッジ　インデックス
　コーポレーション

● **Web Site**

　https://www.kixny.com/

● **Business 事業内容**

・日本企業の米国進出支援
・新規事業開発 / スタートアップ支援
・マーケティングリサーチ / コンサルティング
・PR/ メディア戦略
・商品開発支援

　＊トップページに　▶ Carly_Simon_Let_the_River_Run(Instrument とありますので、よかったら、▶をクリックしてみてください。ＮＹに行くきっかけになった映画の中の、元気をもらえる曲が流れます！

独立・起業のきっかけ

　地元の大学を卒業後、出版社に勤め、28 歳でアメリカへの留学を決意。単身アメリカに渡って、フリーランスでエディターの仕事やマーケティングリサーチの依頼を受けつつ、学校に通って英語を学んでいた時期に知り合ったのが、現在の夫です。しかし、渡米から 4 年目に入ったころ、日本で勤めていた出版社から新しい雑誌の編集長職の話がきて、チャレンジしたいと思い、彼をアメリカに残し、私だけ日本に一時帰国しました。その後、いろいろあって娘を授かることとなり、娘を連れてアメリカに戻り、7 年ほどは子育ての傍らフリーランスでプロジェクトベースの依頼を受けて仕事を続けていました。

　2 人目の娘も授かり、下の娘が長時間保育を受けられるようになったころ、企業コンサルを生業とする主人に、アメリカ企業から日本支社開設の依頼が入り、娘たちを日本の小学校に通わせたい、という思いもあって、家族そろって日本に一時帰国することにしました。

　その際、せっかく日本に戻るのだから、英語を活かして日本企業でフルタ

イムの仕事に就こうと考え、帰国後すぐに就職活動を試みたものの大撃沈。とにかく、受ける企業すべてから断られました。

「私は世の中に必要とされていないの？」「能力がないの？」と、落ち込む毎日を過ごしていましたが、あるときから、落ち込む気持ちよりも、悔しい、という気持ちのほうがだんだん強くなっていきました。

面接で聞かれたのは、「子どもさんはおいくつ？　ご主人はどんな仕事をされていますか？　子どもの面倒が見られる親は近くにいますか？」、「英語ができてもねー、うちは必要ないかな？」「何時まで残業できますか？」「休日出勤できますか？」　そして、極めつけは……、「39歳で中途採用は難しいですよねー」。このようなセリフを繰り返し、繰り返し、聞くうちに、こんなことに時間を費やすのは無駄だ、と思えてきたのです。

「頑張ってこい」と英語の習得を応援してくれた父、「諦めるな」と私の背中を押してくれた母に申し訳ない。そして、何よりも、33歳で娘を授かったとき、「子どもは、今、産まなかったら、一生子どもに恵まれないかもしれない。でも、起業して、アメリカに会社をたて、ガラス張りのオフィスで大好きな仲間と仕事をする夢は、子育てに時間がとられ、独身で起業を目指すより時間がかかるかもしれないけれど、諦めさえしなければ、可能性はゼロではない」。そう考えて、子どもを産むことを選んだ。

あえて険しい道を選んだのは自分自身だから、「子どもを産んだことを後悔しない人生にしてみせる。子どももキャリアも両方実現させる人生を選んでみせる」と覚悟を決めたなら、こんなところで躓いているわけにはいかない。なんとかしなければ……。
それで、とにかく私にできることから始めようと思い直し、フルタイムにはこだわらずに自分ができる仕事を探しました。私は東京出身ではないので知り合いは少なかったのですが、とにかく、いろいろな人に仕事がしたいことを話していくと、英語を使ったマーケティングリサーチの仕事が少しずつもらえるようになりました。結果、帰国から1年後、今も付き合いが続いている、食品企業の担当者の方から、「仕事を継続的に発注するには、会社口座が必要になりますね」と言われ、今が、そのとき！　と、40歳で会社を設立したのです。

起業へ一歩踏み出すために大切にした事

父はサラリーマン、母は看護婦、妹が1人。田舎の街で育って、中学校も高校も公立校、地元大学の英文学科を卒業しただけの、ごくごく普通の私ではありますが、父と母から、「どんなことでもいいから誰がやっても同じことではなく、栄子にしかできないことをみつけなさい」と言われて育ちました。だから、起業するときも、自分らしさ、個性を大切にしようと決めてスタートしました。たとえば、自分らしさ。私は、新しいことを考えたり、見つけたり、探すのが大好きなので、リサーチの依頼のときには、

仕事だから、ではなく、心底知りたいから、とことん納得がいくまで調べています。そして、個性。私は人に会うことが大好きです。だから、率先して、いろんな人に会いに行き、自分の夢や考えていること、やりたいこと、浮かんだアイデアをいろいろな人に話すことにしています。そうやって、自分らしさと個性を大切に仕事をしてきたら、私らしさを理解してくれる良き仲間に出会うことができ、個性を活かしてくれるクライアントにも出会えました。そのおかげで、20 年、会社を継続することができたのです。

起業して良かった点

　自分が好きなことを仕事にすることができたこと。あとは、自分が望めば、仕事をいつまででも、この世を去るまでずっと続けられることです。ドラマなんかで、私の趣味は仕事です、というセリフがありますが、私は正真正銘、そのセリフどおり、仕事が趣味のようなものなので、これを辞めなければならない、となると、人生の楽しみが減ってしまいます。
　それと、もう一つ。自分の会社ですから、業務に限りや制約があるわけではありません。どんなことでも挑戦しようと思えばできるので、何かを諦めなくてもよい人生を選ぶことができるのです。

大変だと感じた点

　どんなに苦しくても、つらくても、不安でも、眠くても（笑）、誰かに交代してもらうことはできないし、自分ができないからといって、誰かが代わりに仕事を完成させてくれるわけではない、という現実を受け止めるとき、起業は本当に大変だと感じます。ただ、仕事を納める、ということは、どんな立場であっても責任のあることですし、大変だと感じる点はどんな仕事でも同じだと思うので、起業したから大変、というよりは、仕事を続けていくのは大変、だと思います。

2020 年『ミレニアル世代事業戦略　なぜ、これまでのマーケティングはうまくいかなかったのか？』
白桃書房より出版
ISBN　9784561622369
価格：2500 円（税込）

2011 年『foursquare マーケティング　位置情報の賢い使い方』
池田書店より出版
ISBN　9784262174556
価格：880 円（税込）

今後の展開

　起業のきっかけではないですが、ニューヨークでビジネスを立ち上げたい、と思ったのは、20代のときに観た映画「ワーキングガール」の影響です。どんな状況でも前向きに、いつかは成功してみせる、と決して諦めない主人公の女性は、いつもアイデアを考えてチャンスをつかもうとしていました。そして、そんな彼女がラストシーンで、自身のオフィスを獲得し、マンハッタンの高層ビルから街を眺めるシーンをみたとき、このシーンに自分も立ってみたい、と思ったのです。これが、ニューヨークに行こうと決めた瞬間でした。だから、そこから始まった人生のジャーニーは、この夢を実現しないと、次のステップに行けないわけです。現在のところ、マンハッタンにオフィスは構えられても、高層ビルから眺める景色の獲得には至っていません。ゆえに、まずは、このシーンに立つという夢の実現のために、せっせと働いている最中です。

　この原稿も、シカゴに向かう飛行機の中で書いています。シカゴへの出張は、今後の展開につなげていくための視察です。長年の経験から学んだことなのですが、"とにかく動かないと、行動しないと、何も始まらない"。

反対に " とにかく動けば、行動すれば、何かが始まる "。そして、たとえ動いたことで、行動したことで失敗したとしても、同じ場所で地団駄を踏んで、同じ場所にじっとしているよりもずっと前向きでマシだと思っています。

　英語で言うと、It is better to do something imperfectly than to do nothing perfectly.

　以下は、今、私が実現したい夢のチェックリストです。

- ■ マンハッタンの高層階に自分のオフィスを構えて、マンハッタンの摩天楼を眺める。
- ■ 一緒に働いて楽しい仲間、一緒に夢を追いかけられる仲間を 12 人見つける。
- ■ 日本のメーカーがアメリカ市場で稼げる OEM 受注プラットフォームサービスを構築する。
- ■ 日本のコンテンツクリエイターが世界基準の給料を受け取れる仕組みをつくる。
- ■ アメリカ市場で、温泉水資源を活かした地域経済活性化モデルを日本の技術を使って実現する。
- ■ 日本女性が企業の枠を超えて働ける、夢を追えるような社会をサポートする団体をつくる。
- ■ いつか、女性の生き方をテーマにした本を一人で書き上げる。
- ■ 仲間と一緒に一度でいいからプライベートジェットに乗って旅をする。
- ■ 二人の娘の結婚式に出席する、そして、孫に名前を付ける（笑）。

My favorite word

Do my best !

With/Post　コロナでの変化

　コロナ前は毎月のように出張していましたが、コロナ禍で出張に出かけられなかったので、初めて家庭菜園に挑戦してみました。春になると、玄関のわきに花を植えました。初夏には、野菜の苗を買ってきて、トマト、きゅうり、しそ、枝豆、大根、イタリアンハーブ各種、ミントをプランターに植えて、収穫したら料理して家族と一緒に食べました。あとは、マウンテンバイクを購入、自転車に乗るようになりました。家の中にジムスペースをつくって、娘と一緒に運動しました。結果、コロナ前は、自分の時間や家族との時間を削って仕事をしていたのだと、気が付くことができました。

　コロナ前は徹夜することもざらで、寝る時間を減らして仕事をしていました。それはそれで充実していましたし、やりたいこともいっぱいあるので、頑張るのは当たり前のことなのですが、コロナ禍のおかげで、"がむしゃらな毎日に一息つく時間"をもらうことができた、と感じますし、もしあのまま突っ走っていたら、今頃病気になっていたかもしれない、と思います。がむしゃらも、突っ走るのも、出張も、大好きな私ですが、POST コロナでは、一息つくことも忘れずに暮らそうと思っています。実際、前述しましたが、仕事が趣味でもあるので、何よりも優先してしまう傾向があるのですけれど、コロナ禍で学んだこと＝必ずしも一緒にいられないこともある、ということを肝に銘じ、家族や友人との時間も、意識して大切にしていきたいと思っています。

起業を志している人へのメッセージ

　私自身は、結果的に起業することを選びましたが、まずは、どんなことでもよいので、自分がやってみたい、と思うことにチャレンジすることから始めてみてはどうでしょうか？　やりたいことが見つからない人は、自分は何ができるのか、自分は何が好きなのか、何をしているときが一番幸せなのか、を考えることから始めてはどうでしょう。起業というと身構えてしまいがちですが、肩の力を抜いて、1年後、3年後、5年後の自分を思い描いてみてください。何も見つからないし、考えられない、という人は、友達と話してみたり、起業した人の話を聞いたり、本を読んだりして、この世界にはどんな仕事があるのか、を調べることから始めて、興味が持てそうなことを見つけてみてください。そして、起業する、と決めたら、とにかく、ベストを尽くす！　あとは、ありきたりですが、諦めないことです。
　さまざまな説がありますが、ベンチャー企業の生存率は10年で6.3％しかない、というデータが2020年日経ビジネスから公表されています。コロナの影響は別としても、起業した会社が、長く事業を継続するのは至難の業であるわけですから、順風満帆といかなくて、山あり谷あり、アップアンドダウン、を繰り返すのが当たり前なのです。起業を目指す段階でも、起業した後も、困難は当たり前だと理解した上で、実現させるために「諦めたくない」という気持ちを大切にしてほしい、と思います。

Is that all?「私の人生はこれですべて？」

　40歳で起業して5年目、俗にいうミッドライフクライシスが訪れました。ここまで、がむしゃらに頑張ってきたけれど、自分が本当にやりたい仕事ができているのか？　何かを成就した、といえるようなものを築けているのだろうか？　そもそも、自分の夢の実現に一歩でも近づけているのだろうか？　と、自問自答を繰り返す毎日を過ごすようになっていました。きっかけは、クライアントから依頼された仕事に対して提案書を提出するとき、提案の中身は納得してもらえても、見積もりに進むと、「この規模のプロジェクトは、貴社のような小さい企業には出せない」というような言葉をたびたび聞くようになったことでした。弊社の場合、アメリカでのリサーチやPR案件、ウェブやパッケージのデザインなどは、そのプロジェクトに最も適している戦略を実施するためのチームを形成するために、現地のマーケティング企業や専門家、大学などと協働するスタイルをとっていたので、内容によっては、見積もりも、数十万ではなく、数百、数千という単位になることがありましたが、それでは取り扱い額の規模が、会社の規模にそぐわない、という見解だったようです。
　そんな毎日でも、仕事をしなければ生活はできないわけですから、気持ちでは"あがいている"自分を認めながらも、何とか仕事を続けていたところ、ある3つの事柄のおかげで、その"あがき"から抜け出すきっかけをつかむことができたのです。その3つとは……。
　1つめは、ある本を本屋で偶然見つけたことです。その本の題名は『そうだ！　絶対うまくいく！　奇跡はあなたの心に起こる！』、著者は筑波大学の名誉教授、村上和雄先生です。

あがいている自分に、絶対うまくいく、という言葉が嬉しくて、その本を手に取り購入して、すぐに読みました。人は生まれただけで奇跡なのだよ、絶対うまくいく、か、どうかは、自分次第なのだよ、という言葉に、救われた気分でした。そして、本に出会ってから数カ月もしないころ、村上先生本人に偶然お目にかかれることになり、絶対うまくいく本を書いた理由を本人から聞くことができたのです。先生は、自分に言い聞かせるために書いた本だとおっしゃいました。絶対うまくいく、というメッセージを自分に向けた、と。

　自分が始めたことや、夢がかなう、というような、事がうまくいくかどうかは、それを望む本人、当事者次第で、誰かが代わりに、うまくやってくれるわけではなく、結局、自分次第なのだと、再認識した瞬間でした。

　２つめは、突然、出版社時代の昔の知り合いから連絡がきて、大統領選挙に立候補した、ヒラリー・クリントンについての記事を書いてもらえないか、という依頼でした。記事を書くために、彼女のことを調べていくと、ウーマンリブが起きるきっかけになった本を書いたベティー・フリーダンを知ることになりました。1963 年、彼女が書いた本は、The Feminine Mystique：女らしさの神話、という題名で、その本の中に、生き方を悩んだ女性たちの苦悩を表現した一文がありました。「郊外の一軒家に住み、子にも恵まれて母として妻として幸せなはずなのに、何かに不安を感じ悩み苦しんでいた女性たち。彼女たちの不安は……Is this all？　私の人生はこれがすべて？」だったのだと。正直、この一文を読んで、はじめて、自分が何を不安に感じ、あがいていたのかが、はっきりとわかりました。提案内容は納得してもらえても、仕事のスケール感が弊社の規模にそぐわない、と言われている状況の中で、わたしは、「これでは、いつまでたっても自分が目指すような事業に携わることなんかできっこない」「わたしがたどり着ける高みはここまでなのか、Is that ALL？（ここまでが自分の人生のすべてになるの？）」そう考え、５年後、10 年後の自分を考えるのが怖くなったのでした。

　３つめ。１つめと２つめ、を総合してたどり着いたのは、自分次第でな

んとかするしかないなら、ベティー・フリーダンが自分に向き合ったように、私も、今の自分を受け入れて、まずは、そこからの 5 年間の人生計画を立ててみよう、と思いました。45 歳から 50 歳までの生き方、仕事のこと、私生活、家族、両親、やりたいこと、5 つの項目に分けて、自分の年齢、主人、娘たち、両親の年齢を書いて、5 年計画を完成させました。計画を立ててみると、娘たちがアメリカの学校に戻るタイミングを考えなければならないことに気がつきました。また、両親の年齢を再認識して、親孝行の計画を立てなければ、とも思いました。やりたいことには、2 冊の本を出版したいと書き込み、そのために本の企画を立てよう、と決めました。ほかにもいろいろ書き込み完成させた 5 カ年計画。振り返ると、おおよその目標は達成することができました。

　45 歳から 50 歳に起こる、ミッドライフクライシス、女の葛藤は、自分に向き合うことから始まります。20 歳の成人式では、一人の女性としてのアイデンティティ（自分らしさ）を掲げ、就職してワーキングウーマンになり、その後は結婚すれば、妻（既婚女性）というアイデンティティを手に入れる。そのあとは、子どもができれば、母というアイデンティティも手に入れて、離婚すると、シングルマザーになる。結婚しない女性は、シングルウーマン（未婚女性）やキャリアウーマンと呼ばれ、それぞれの生き方で、呼び方の違うアイデンティティを経験する女性だけれど、45 歳を超えるとき、すべての女性がライフステージで定められたアイデンティから解放されて “一人の女性”というアイデンティティに戻ることができる。
　いろんなアイデンティーから解放されて、一人の女性として輝いて生きるために、今の自分に向き合って、5 年後の自分はどんなアイデンティティを手に入れたいのか、考えてみてはいかがでしょう。

　人生、生きていくうちに、一生懸命やっても駄目なことは、きっといっぱいある。でも、めいっぱい頑張ったなら、それでよし。後悔もなし。あとは、駄目だったのはどうしてか、を考えて、気持ちを切り替え、次に進む。そして、また、Do my best！　そんな生き方がしたい、と思っています。

Keico Best

About me and my

Profile
- ■ 名前 　　　Keico BEST　ケイコ・ベスト
- ■ 生まれ 　　1977 年
- ■ 出身地 　　北海道
- ■ 所在地 　　New Jersey, USA
- ■ 趣味 　　　ファッション　アウトドア
- ■ 血液型 　　AB 型
- ■ 星座 　　　獅子座

まつ毛エクステサロン経営

お客様が喜んで、綺麗になっていくお手伝いをさせていただいています。

● Company Name
Keico's Eyelash

● Web Site
https://keicoseyelash.com/

● Business 事業内容

Keico's Eyelash では施術を始める前に、私のチームはお客様と一緒に座り、お客様のライフスタイルや自分をどのように見せたいかを話し合います。そして、どのタイプのまつ毛エクステンションが最も適しているかを決定します。お客様がまつ毛エクステンションを付けて美しく、自然に見えることを大切にしています。まつ毛エクステンションのお手入れ方法、リタッチの必要性などもご説明し、安心して継続的にご利用いただけるよう努力しています。

独立・起業のきっかけ

日本でとても流行っているマツエクの情報を入手し、日本人スタッフがいるというお店を早速予約。翌日、初マツエクを体験しました。いろいろなことを聞きたくてあえて日本人スタッフを指名し、施術が終わり鏡を渡されて自分の顔を見たときの感動から、アメリカでも絶対、需要があると確信し、翌日から起業に向けて邁進しました。

起業へ一歩踏み出すために大切にしたこと

・常に誠実であること。
・感謝を忘れないこと。
・笑顔でいること。

コロナ後の営業

　ちょうどコロナが流行り出す前にお店を広げ、その2カ月後、コロナでお店を3カ月間閉めないといけなくなりました。最初はお店を広げたことを後悔していましたが、結果として部屋を広げ、密を避けるためにプライベートルームを作ったことは大正解。3カ月間お店をクローズしている間、お店を再開したときにどうしたらお客様に安心してお店に来てもらえるかを考えることができました。お客様とスタッフの間にアクリル板を置く、今まで以上に清潔にお店を保つ、密を避けるためにスタッフも減らし、混み合わないようにしました。すぐに動画を作り、どのようなサービスで安心して来てもらえるかを発信しました。お店を広げたことで、家賃も上がり、コロナのおかげで、売上も落ちましたが、この3カ月間、いろいろな見直しと振り返りができました。

渡米・起業・店舗ができるまで

結婚で渡米

　日本で出会った日本語ペラペラのニューヨーカーと2年間の遠距離恋愛をして渡米。プロポーズされるまで4度しか会ったことがなく、お互いのことはあまり知りませんでしたが、勢いと子どもの頃から憧れていたNYに住める、ということもあり、当時まったく英語が喋れなかったのですが思い切って行ってみることにしました。

　当時元旦那さんはニューヨークで人気のバー、クラブを経営していて、私も毎週末そこへ行って朝まで遊んで、東京にいた頃と変わらないナイトクラブ生活をしていました。彼の仕事の景気もいいし、最初の頃は経済的になんの不自由もありませんでした。とは言うものの、ナイトビジネス。その後いろいろな事件があり、ビジネスは破綻します。

NY での初めての仕事

毎日遊んで暮らしているのも退屈になるし、何より英語を勉強したくて学校に行きたかったので沖縄レストランを見つけオーナーの方に事情を説明して「なんでもするので働かせてください」とお願いしました。次の日からランチタイムの4時間だけ働くことになります。立ち仕事などしたことがなく、しかも英語がほとんどわからない。お客様のコーラのオーダーすら聞き取れないほどの英語力です。How are you? には返事できても、How's going? と言われればパニックになるほどです。そのレストランで2年ほどお世話になり、英語の基礎をそこで学びました。本当に感謝しています。

出産

もともと2年ほど NY で生活したら日本に帰ろうと計画していたのです。元旦那さんもそれに同意をしていました。彼は私に会う前まで日本に13年間住んでいたこともあり、日本が大好きなのでそれでも問題ないということでした。渡米をした翌年に妊娠。やはり子どもを育てるならアメリカがいいかなと思い、ここで子どもを育てることに決めます。妊娠中は地獄のようでした。つわり、うつ、不安症。おまけに元旦那さんの浮気現場を押さえてしまいました。周りの妊婦さんは幸せそうなのに、私はどうして毎日不安で悲しいんだろうと、泣いていました。夫婦関係はこのころからぎくしゃくし始めます。

死にかけた話　パート1

NY に来てすぐに高熱を出しました。40度近い熱が出ているのに彼は医者に連れて行ってくれません。風邪だから薬を飲めばそのうち治ると元旦那さんに言われていましたが、まったく熱が下がらず、4日目にもうダメだと思い「お願いだから医者に連れて行って」と言うと、大袈裟だと言われ保険がないから連れていけないと言われました。日本だと国民健康保険がありますが、アメリカは自分で保険に入らないといけないことやたくさんの人が保険に入っていないことをそこで初めて知りました。保険がないから病院に行けないって、病気になってる妻をこのまま放置するような男と私は結婚してしまったのだと、後悔先に立たずとはこのことです。このままだと死ぬ、殺されると思い、自分で救急車を呼ぶことにしました。英語ができないので、必死に助けを求めようと第一声が「HELP ME」でした。ちなみにそのとき元旦那さんは横にいました。呆れているようで私に声をかけるわけでもなく、手を握るわけでもなく、救急の方が来てくれたときには、私は安心とパニックで呼吸困難になっていました。病院に着くと自分の名前を書くところに彼に旧姓を書けと言われました。結婚しているのに、保険がない上に救急車まで呼びましたから、きっと請求が怖かったんでしょうね。待合室で彼を待っていると薬を持って来て、私に放った一言は「薬代80ドルもしたよ」でした。私はそのとき、本当にこの人との結婚は間違いだった。早く離婚しないといけないと思いましたが、そのときは体調が戻るとまたニューヨークが楽しくて彼を許してしまいました。

死にかけた話パート 2　車の大事故

　元旦那さんの母がリタイヤをしてアムステルダムに住んでいたのですが、孫の世話をしたいとのことで NY に戻ってきて一緒に住むことになりました。義理の母がきてからはギクシャクしていた彼との関係は少し良くなりました。そんなとき「久しぶりにデートでもしよう」と言われてクラブに出かけました。

　私は子どもが生まれてから全然遊びに行っていなかったので、弾けてお酒を飲みすぎました。彼は運転があるので一滴も飲まないで、彼の運転で帰ることになり、その帰り道に事故にあいました。一時停止しなくてはいけないところを止まらずに走行し、私のほうに相手の車が激突してきたようです。良かったのか悪かったのか、アルコールが大量に入ってるせいでまったく覚えていないのです。駆けつけた救急隊の方が私に「自分の名前は言えるか？」「ARE YOU ALRIGHT?」「YES IM ALRIGHT」と言ったのをかすかに覚えています。

　目が覚めたときは MRI で事故にあったことを聞かされて、身体中が痛く、記憶も曖昧な中トイレに入ったときです、鏡に映った自分を見て「終わった」と思いました。顔がナスのようにどす黒い紫で覆われていて、腫れてパンパン。目も埋もれていて、鼻もない、そこには見たこともないような化け物が立っていました。車が大破してしまうほどの大事故。どれだけ私はついてるのだろう？　元旦那さんに会うと彼はまったくの無傷。かすり傷すらない。なんだか頭にきて、私は彼を見るなり、「WHO IS IT？」と記憶喪失のふりをしました。彼の顔が真っ青になっていました。

運命の仕事に出会う

　元旦那さんが経営していたナイトクラブは行列ができるほどの人気クラブでしたが、売上が安定しない等いろいろな問題を抱えていました。子どもが産まれ将来のことをいろいろ考えるようになり私は彼にたくさんのお金を稼げなくてもいいから安定したビジネスをしてほしいと話すようになりました。簡単に彼の気持ちを動かすことは難しく不安定な日々を過ごしていました。そんなときに経営していたナイトクラブで殺人事件があり、クラブは完全にクローズ。私は内心ホッとしました。元旦那さんが新しい安定した仕事を見つけてくれるだろうと願っていましたが、約 2 年定職にはつきませんでした。遂に私が家庭を支えなくてはいけない日が来たと思いました。アメリカに来て約 4 年、英語はまだまだ喋れず、子どももまだ小さい。ろくに得意なこともない私に何ができるだろうと日々考えていました。そんなときに日本でとても流行っている美容の情報を入手しました。それはまつ毛エクステというもので、自分のまつ毛の一本一本にエクステをつけていくという地味な仕事。まつ毛パーマと異なりマツエクは朝起きたとき、すでに目がぱっちりでお化粧しているようだということを聞いて、興味津々。すぐに近くで施術してくれる所はないかインターネットで探しました。出てきたのが NY で 2 件だけ。まだまだこちらでは需要はなさそうでした。日本人スタッフがいるというお店に予約をし、施術が終わり鏡を渡されて自分の顔を見たときの感動を今でも忘れません。「なんて私って可愛いの〜」。鏡を離さず、自分の顔をずっと

見ていました。これはアジア人だけではなくアメリカ人にも絶対に流行ると確信し、「これしかない、これで私は成功するんだ！」と決めました。その日は頭に雷が落ちて来たような、天から何かお告げが来たような気持ちでした。

その日のうちに必要なものをオーダし、YouTube を見て独学で学びました。最初はマネキンを使って練習を始めたのですが、あまりにも細かすぎる作業で不可能なんじゃないかと思いましたが、生活は崖っぷちでこれで食べていくしかない状況だったので、技術を習得するしかないと必死で毎日練習を続けました。私が住んでいた町には、日本人の駐在の奥様がたくさん住んでいたので、奥様達にモデルになっていただき練習させてもらいました。協力してくださった皆様のおかげで効率よく技術アップすることができました。そのうち材料費をいただいて施術を始め、毎日どこからともなく予約の電話がくるようになり忙しくなりました。子どもは当時３歳。子どもを預けなくてもできる仕事で助かりました。私が出張して施術をすることもありました。口コミが広まり、違う町に住んでいる方からも連絡が入るようになり、ポータブルベッドを買って車に積んで出張に行くようになりました。出張に行くお家はどこもお城のような高級住宅街。その頃、私は貧乏で壊れた車の修理をするお金もなく、ボロボロの中古車を掲示板で見つけて購入し乗っていました。豪邸に着いたときこんなボロボロの車をお客様の駐車場に停めるのは申し訳ないと思い１、２ブロック離れたところにいつも車を停めてベットを担いで訪問していました。

ライセンスを取るためにビューティースクールへ

そのうち自宅に知らないアメリカ人や、スパニッシュのおばあさんたちが来るようになりました。どこかで宣伝している訳でもなく口コミです。その頃はまだ SNS なども活用していませんでした。予約も安定して入るようになりいよいよ本格的にビジネスとしてやっていけると確信し、ライセンスを取得することにしました。学校で取れるライセンスはネイル、スキンケアー、ヘアドレッサーです。私は総合のライセンスを取ることにしたので1200時間。子どもを近所のデイケアに預けることに決めます。問題は学費です。その頃は貧乏だったので一番心配でしたが、私も、元旦那さんも無職ということで Students Loan の他に 50％のディスカウントがもらえました。約２万ドルの学校が 100 万円でいけたのです。しかもローンのインタレストが２％くらいだったと思います。ラッキーとしか言いようがありません。ローンの支払いは学校を卒業してから２年後からでいいということでした。

学校が始まりました。朝に２時間学科があり、そのあとは実技。学科の内容は医者が勉強するような病気や体の構造など、最初からハードでした。でも、これまたラッキーなことに黒人の先生がとっても優しくていい人で、私をとても可愛がってくれました。チャプターごとにテストがあるのですが、前の日にレビューをもらい、先生と一緒に勉強して毎回満点の成績で合格しました。あの先生がいなければきっとテストに合格するのは大変だったと思います。心から感謝しています。学校に通いながらもまつ毛の技術を向上させたかったのと、少しでも稼ぎたかったので仲間の生徒や先生にまつ毛をつ

けていました。学校の目の前に美容室があり、学校の合間を盗んでそこのオーナーに会い、時給はいらないからシャンプーアシスタントをさせてほしいとお願いしました。学校にいる間は仕事できません。毎日のランチ代や子どものデイケア代もバカになりません、お店で働いてシャンプーをしてお客さんからのチップはとても貴重でした。もちろん狙いはそこでまつ毛のエクステをすることです。今まで自宅と出張で日本人のお客さんがメインだったので、ターゲットを変えていきたいと考えていました。新しいお客さんの集客です。最初はマツエクなんて馴染みがないので自分で写真入りのフライヤーを作り、キャンディーなどをお客さんに配りながら自分の宣伝をしていました。そのうちに予約が入るようになり、週末も子どもを友達に預けて働けるくらいになりました。いつかは自分のお店を持って、技術を教えて、スタッフを入れる。すでにビジョンは見えていました。

サロンで働く

学校には約1年程通い、無事に卒業してライセンスが取れました。これで堂々とお店をオープンしてビジネスができる。だけど、資金が全然ありません。お金を借りられるほどの信用もなく自宅でお客様を取りながらどこかのサロンで働いて勉強してみようかなと思ってると、家の近所に新しくマツエクサロンがオープンし、知人の紹介でそこで働くようになりました。半年ほどそこで働きましたが、このお店のお客様に対する接客の悪さ、そして英語の下手さ（人のことは言えませんが）が私に自信を与えてくれました。私がサロンをオープンしたら絶対にうまくいくと確信し、場所を探し始めました。

いよいよオープン

「知り合いの先生のオフィスが空いているから使わないか」という嬉しい話があり、スペースは狭かったのですが、徐々に広げていけたらいいと思い決めました。すでにレギュラーのお客様がいたので口コミで広がりました。オフィスはビルの奥まったところにあり、ちょっとわかりにくいのが難点でした。私が外に出るとフェラーリが停まっていることがあり、その後も、高級車で来るお客様が増えたんです。なんでかと思ったら、お客様の一人がハイエンドな美容室に通っていて、そこで良い評判を流してくださってますます忙しくなりました。その頃まだ元旦那さんは定職がなく、私が家計を支えていたので、一週間フルで朝から晩まで働く日が続きました。子どもはその頃キンダーに通っていて、学校が終わったら、子どもを連れて私の横でDVDやゲームをさせながら遅くまで仕事をしていました。毎日予約の電話とメールで大忙しですが、アシスタントがいなかったのでお客様が電話に出て予約をとってくれたり、両替のお金がないと銀行に行ってくれたり、あの頃はもう毎日必死で、たくさんの方に助けていただき感謝しかありません。

新しい場所へお引っ越し

ビジネスは順調にいっていました。ある日突然その場所でビジネスをしてはいけないとヘルスデパートメントから通知がきました。いろいろな規定を

LASH EXTENSIONS

keico'seyelash

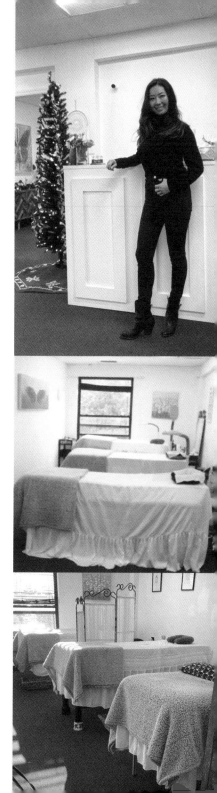

パスしていなく、やむを得ず退去しなくてはいけなくなり途方に暮れました。数カ月後まで予約はびっちり入っています。明日からどうすればいいのだろうとすぐに日本人の不動産屋さんに連絡をすると、翌日にぴったりな場所があると連絡がきました。そのビルは自宅の近くで大きな駐車場もあり、私のように個人事業主用に大きなフロアーに小さな部屋をいくつか作り貸しているものでした。フロントにはレセプションの方もいて、オフィスも綺麗。家賃は以前より上がりますが、比べるとずっとこちらのほうがプロフェッショナルです。不運だと思っていましたが、次の良いステップにつながり、まさにピンチはチャンスです。

首のヘルニア

　さすがに週7で働いていると、体にガタがきはじめました。朝起きると突然首が動かなく電気が走るような痛さに襲われました。病院に行くとヘルニアと診断され、同じ姿勢での施術の仕事は今までのようにできないかもしれないと言われました。毎日予約で埋まり、一人ではもう限界を感じていたとき、店に仕事を探しているという韓国人の女性から問い合わせがきました。まつ毛エクステの経験もあり面接したところ、技術的にはハイレベルではないけれど、私のやり方を教えて、練習すればうまくなるだろうと思い、採用したのですが大変でした。自分と同じサービスができなく、お客様からのクレームも多く、結局、私がお直し。

急に仕事を休むなど一人のときよりも精神的に大変になり、ストレスを抱え
ました。その時に、人を雇用することの難しさを痛感しました。

パニックアタック、不安症、自殺願望

　ある日、突然息ができなくなり、首を絞められているような気分になり、
動悸がするし、歩いてもフラフラする。何かの病気かと思い病院に行くと、
不安症という精神病だと言われました。薬を処方してもらい家に帰りネット
で調べました。うつ病とはまた違うもので、症状は私がまさに抱えているも
のと一緒でした。それからパニックアタックというものが頻繁に起こるよう
になりました。周囲の音や音楽が気になり、人がたくさんいるところに行く
と、極度の不安に陥り、狭いところには入れず、人と人との間に並んでいた
りすると怖くて逃げ出す。生きている心地がしませんでした。薬に頼るのも嫌、
どうすればいいかわからず、死んで楽になりたいと思うほどでした。誰にも
助けてと言えない。孤独だけど、なんとか子どものために生きなければと必
死でした。主人は相変わらず、不安定で稼ぎがなく、私が倒れれば、明日の
生活にも困る状態。頼れる親戚もいなく、いつもプレッシャーに押しつぶさ
れていました。呼吸するのも苦しく、いつもハアハアしながら毎日首の痛み
と戦っていました。

新しいスタッフとの出会い

　日経新聞に求人募集を初めて載せました。数日後、とても感じの良い女性
から電話があり、すぐに面接をしました。日本から来たばかりの彼女は私の
ように国際結婚をきっかけにこちらに移り住み、日本でまつ毛サロンでの経
験もあり。さっそく一緒に働いてもらうことになりました。お店はどんどん
忙しくなり、次々とスタッフが入り合計7名まで増えました。今借りている
オフィスでは狭くなってきたので、同じビルにある、少し大きい部屋に移動
することになりました。女だけの世界なので、いざこざもありましたが、スタッ
フができるだけ気持ちよく働いてもらえるように努力しました。結局は同じ
ビル内で3度引越しをして、徐々にお店を広げていくことに成功。お客様用
のプライベートルームを用意できるまでに成長しました。

乳がん

　お店は順調、テクニシャン以外にもフロントデスクにスタッフが入り、私
に少し余裕ができるようになりました。体の調子を戻せるかもしれないと思っ
ていた時です。その年に3度乳がんになるという夢を見ました。40歳になり、
これはまた何かのお告げかもしれないと思い、初めての乳がん検査マンモに
行くことになりました。がんが見つかったときはもちろんショックでしたが、
これはまたもや神様からのお告げがきたと思いました。「もう無理することは
ない、病気になるまで頑張ったんだ、離婚しよう」と医者を待っている病室
で決めました。もう精神的に限界だったのです。がんにならなければここま
で思わなかったかもしれません。私はもうすぐ死ぬかもしれない。でも何も怖

くありませんでした。それよりも、残された時間を自分の思うように生きたい。自分のために生きたいと思ったのです。がんが私を自由にしてくれたのかもしれません。翌週にはステージ２Ａ、リンパ節に移転しいているということで乳房温存、リンパ全摘しなくてはいけないとのこと。抗がん剤治療はなしで、放射線治療。すぐに手術をしました。子どものこと、店のことが気がかりでしたが、スタッフのみんなが店を回してくれたのでまったく問題ありませんでした。手術は無事に終わり、一週間ほどしたらもう店に出ていました。それからの私は大げさですが、死んだ人間が生き返ったような、２度目の人生のチャンスを神様からもらったような気持ちになり、今までよりもっと一日一日を大事に、あたり前のことに感謝するようになりました。

　たくさんの試練と困難が私を成長させてくれました。英語がまったくできなく、教養もない、ずっと遊んで暮らしていた私が、どうしてアメリカでお店を持ち、たくさんのお客様に来てもらえるようになったのか、それは常に誠実であったこと、感謝を忘れなかったこと、笑顔でいたことにほかなりません。人の可能性は本当にわからないものですね。

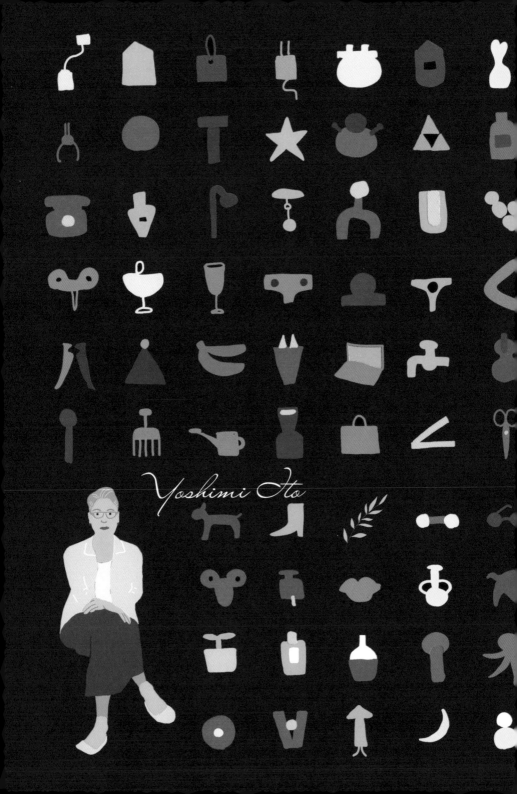

Yoshimi Ito

About me
and my

business

Profile

- ■名前　　　いとうよしみ
- ■生まれ　　1957 年
- ■出身地　　東京都
- ■所在地　　神奈川県
- ■趣味　　　ハンドメイド、料理、ネットサーフィン
- ■血液型　　Ｏ型
- ■星座　　　獅子座

商品企画とマーケティング

　市場の動向や消費者のニーズを読みながら、売れる商品を企画して世に出す仕事をしています。商品企画に携わって 30 年。百貨店、量販店向けのオリジナル商品の企画開発、買い付け、マーケティング。行政で行なっているプロジェクトにも参加。新しい切り口で販促物を含めた売り場提案等プロダクトコンサルティングをしています。プロジェクト単位でチームで仕事をすることが多く、多くの専門家に支えられています。

● **Company Name**
　YOSHIMI CREATIVE STUDIO

● **Web Site**
　https://www.yoshimics.com/

● **Business 事業内容**
　商品企画制作、デザイン、ブランディング、フルマーケティング、プロダクトコンサルティング、編集、Web 企画制作

独立・起業のきっかけ

　息子 3 人と母の 5 人の生活を支えなければならなかったので、かかる費用を計算すると独立以外、選択肢はありませんでした。そのとき自分が得意だったことや、興味が持てたことを全力で形にしていった感じです。初めは手探りで、がむしゃらで計画性などあってないようなものでした。3 歩進んで 2 歩下がりながら、少しずつ自分らしい形に方向転換しながら進んできました。

起業へ一歩踏み出すために大切にしたこと

○自分らしく頑張ること。
○努力を惜しまないこと。
○自分の個性も周りの人の個性も大切に関わること。
○信頼を積み重ねるような人間関係を築くことを心がけながら仕事をすること。
○誠実に相手と向かい合うことや問題が起きたらどんなに小さいことでも先延ばしにしないで仲間と情報を共有すること。
○プライベートでは 3 人の子ども周りの行事には必ず参加すること。
○母と話す時間を作ること。

起業して良かった点

　最終的な決断を自分でできること。自分に自信が持てたこと。人との出会いの素晴らしさを実感できたこと。

大変だと感じた点

　さまざまな出会いの中で、人から勧められてなんとなくスタートしてしまったことがありました。案の定、その環境に身を置くことが苦痛になって大反省。その頃の自分には確固とした判断軸がなかったのです。この経験から、わからないことは自分が納得行くまで質問し、たとえどんなに利益が出ると予想がついていても信頼できない人とは関わらない。人の意見は鵜呑みにせずに謙虚にあくまで参考にし、納得行くまで自分自身で精査する。熟考して決めることが重要だと骨身にしみています。

My favorite word

自分を信じて
ベストを尽くす

今後の展開

　歳を重ね、何か一つ集大成として、モノづくりを頑張っている人のお役に立つことができないかと考えるようになりました。昨年はいろいろなことに取り組む機会をいただき、一昨年、日本ファンの海外のかたたちに日本の情報を発信する英語のWEBのメディアを友人たちと立ち上げました。今年はさらにテコ入れしていく予定です。また、マーケターの友人とOEMの仕組みを構築すべく計画中です。WEBで日本のモノづくりをしている中小企業と米国マーケットを結ぶ仕組みは現在もいろいろありますが、紹介するからあとは自分でやりなさいという流れのサービスがほとんどで、現実的ではないのです。私たちが今構築しているものはもっと実務的なもので、例えば商品を米国の展示会に出品したり、流通させたり、米国輸出に必要な手続きや許可、いろいろな形でのプロモーションの提案、倉庫や物流、言語の問題をフォローアップする仕事です。また、今までやってきた、モノづくりの講座を2023年よりスタート予定。自分が作りたいものを制作しグローバルに販売をすることや、地元を活性化するコミュニティーを起ち上げることも今の目標です。

With/Post コロナでの変化

　コロナ自粛によって私たちの暮らしは激変しました。人々の意識にも社会の仕組みもかつてない大きな変化をもたらしています。一人ひとりが時代と向き合い、今後どのようなアクションにつなげていくのかがこれからの大きな課題だと思っています。仕事面でも業務やサービス形態の変化に伴い、デジタル化が急速に高まり、これまで対面・リアルで行なっていた業務はオンラインでも実施できることが証明され、私の仕事環境にも大きく影響しました。取引先との打ち合わせやプロジェクトの進行、商談もZOOM や Teams が当たり前になりました。情報の共有が楽にできるようになった反面、悪い意味で無駄話もなくなり、仲間とのコミニュケーションも希薄になったように感じます。環境が変われば私たちの仕事の仕方も時代に合わせて柔軟に形を変えていかなければならなくなり、今までにない形の提案の仕方や仕組みを構築し対応していくことが求められています。変化もやりがいに繋がると確信し、ポジティブに打開策を実践していきたいと思っています。

起業を志している人へのメッセージ

　会社を作ることは簡単ですが、維持すること、大きくしていくことはいくつものハードルがあるので、無理なく長続きできる自分なりの形を見つけてください。まず一歩踏み出し全力でチャレンジすることをおすすめします。ベストを尽くしてください。肯定的な目標をもって、情報を集め、精査して取り組み、始まりは曖昧であっても、どこかで自分の事業の終点を明確に描くことが大切だと思っています。ひとまずやってみることはとても重要です。自分が動かないと物事は始まりません。動いた後の世界は動く前には予測できず、よくも悪くも別世界です。いろいろな問題点をいくら動く前にシュミレーションしたところで、その時点での自分が考えられる見識の範囲でしか予測や判断はできません。熟考することは大切ですが、まず自分を信じて、勇気を出して、新たな世界に一歩踏み出してみてください。人との出会いが環境を変え、未来を変えます。

　とても大切なことが 2 つあります。一つは継続する力です。あたり前のことなのですが努力してもすぐに結果が出ることは非常に少ないです。結果が出てくるのはしばらく経ってから、もしくはずっと後からということを肝に銘じておいてください。もう一つは改善する力です。物事を進めていくとさまざまな問題にぶつかります。そのたびに全体を見回し問題点を改善していく。変化をもたらすことによって新しい自分の発見と成長に繋がります。ときには大きな方向転換などもあるかもしれません。自分が諦めない限り失敗はありません。経営者に求められるのは常に成果を上げ前進することです。
　迷ったり停滞しているなと思ったときに、自分はどうしたら肩から力を抜いてリセットできるのかを知っておくことはとても大切なことです。頑張りすぎてパンクしないように自分が気分転換やリラックスできるいい方法を見つけてくださいね。

幼い頃から好きだったモノづくりが今じゃ仕事に

　幼い頃から好奇心旺盛で、新しいものが大好きな子どもでした。その頃「王様のアイデア」というアイデア商品を集めたセレクトショップが地元の駅ビルにできて、珍しいものにドキドキしながら毎日のようにウインドウを覗きに足を運んだものです。ペコペコとお辞儀をしながら水を飲む動作を繰り返す「ドリンキング・バード」、針を刺して糸をかけてボタンを押すと一瞬で針穴に糸が通せるプラスチックの箱、金属の玉がカチカチと打ち合う「ニュートンのゆりかご」等、幼い私の目にはキラキラしたものばかりでした。「いつか私も何かを作って皆を驚かしたい」と子ども心にワクワクしながら新しい刺激的なモノのエネルギーを感じていたように思います。私のモノづくりに対しての憧れはそのときから始まりました。

　小学校4年生の頃、隣に住んでいたおばあちゃんが編み物を教えてくれました。綺麗なクリーム色の糸で初めて毛糸のマフラーを自分で作ったときの達成感が今でもモノづくりの原動力になっているような気がします。人生振り返るといろいろなことがありましたが、暇を見てはビーズを繋いだり、絵を描いたり、子どものセーターを編んだり、プライベートでも空いた時間にいつも何かしら作っていました。最近は孫のシルバニアファミリーのお人形のお洋服です。

　母のお誕生日に作ったクマちゃんが、ひょんな出会いから人の目に止まり、自らブランディングしたものが百貨店で売り場を展開していただくまでに成長したり、ホテルのウエディングで使っていただいたり、人とのご縁はいつもドラマチックで、そのときは想像もしていない展開に繋がるものです。雑貨、化粧品、食品等今までにいろいろなモノを作りましたが常に素敵な人達との出会いがありました。求められる商品を関わった人たちと形にしていく達成感は言葉では言い表せません。

　ハロウィン向けに、プロ用のドウランをメイクポーチに入る大きさの仕様で制作したときのことです。日本の化粧品メーカーにオリジナルの、サ

ラッとした使用感でカバー力のあるドウランを作りたくて相談したところ、
色々サンプルを作って提案していただき、オリジナルカラーで商品開発し、
コストを下げるためにオリジナルのケースを別途制作し、さまざまな専門
家の方たちの知恵と技術をお借りして形にしました。自分一人の力では何
一つ形にならないものばかりで、今まで関わってくださった国内外のすべ
ての方々に心から感謝しています。

　仕事は BtoB が主で企画の提案から始まり、サンプルを制作し販売先の
方と何度も意見を調整して生産し販売します。最近では BtoC の販売商品
の相談がとても多くなりました。ロットとコストが一番の問題です。作る
ことは誰でもできますが売るのは大変。商品を作ってしまったら、売れな
いものはすべて在庫です。BtoC で販売なさる方には、その旨をお伝えし生
産量の調整をおすすめしています。企画やモノづくりはコンテンツが何よ
り重要です。人の暮らしに目を向けて、必要とされるものを生み出すのは
とても難しいけれど、やりがいを感じています。流れゆく時間の中で人々
の思い出に残るものを生み出していくことは、とても意味のあることだと
思っています。それは味かもしれないし、形や用途、使うときの人の笑顔
かもしれません。人の五感に訴えられるものはそう簡単ではないのでいく
つになっても日々修行です。創るなら人の人生がちょっぴり豊かになるも
のを創りたい。目ざすは「記憶に残るものづくり」です。

　スーパーに行っても旅行に行っても、このパッケージに入れてこの商品
をこの価格で販売したらいくら利益が出るんだろう？　とか、お土産物屋
さんにこんな商品あるといいなとか、楽しいパッケージがあると写真を撮っ
たり。なんだかどこに行ってもいろいろな商品が目についてしまいますが、
「好き」が仕事になっているのでそれも致し方ないと思っています。

地元活性化にチャレンジ

　パンデミックを機に地元の繋がりを活性化したいと思うようになりました。息子たちが地元でレストランをやっていることもあり、交流の機会も多く、一昨年より地元の友人と年末のお飾りづくりのワークショップを始めました。趣味が講じて Amazon でフラワーアレンジメントのオリジナルブランドを展開しているのですが、買付のときに地元の友人と楽しむ材料を揃えて、2022 年も 11 月にクリスマスとお正月の玄関飾りを皆で作りました。日常いろいろな所で顔を合わせるご近所さん。家族構成まで知っている地元の仲間と目的を持って集まり、ワイワイ、ガヤガヤ充実した時間を共有するひとときは予想以上に楽しく、友人が友人を誘い輪が広がり、みんなで何かに、取り組むことができたら素敵だなと思いました。このことがきっかけになり、2023 年に地元活性化のコミュニティを立ち上げます。現在の地域に住んで 40 年。いつもいる場所で将来、地震が起きたら？　誰かの助けが必要になったら？　台風などの災害等、頼れるのは遠くの親戚より近くの他人と昔から言います。いざというときのためにも、人と人との繋がりはあるに越したことはありません。専門的なスキルを共有したり、地元の情報を発信したり、アイデアを創出できる参加しやすいワークショップの展開など、情報発信する環境の構築を目標としています。久しぶりの WordPress、老眼掛けて今頑張っています。（笑）

マッキントッシュとの運命の出会い

　それは 1993 年友人宅にあった Macintosh LC II との出逢いです。あのときの興奮と衝撃は今も鮮明に覚えています。まさに私の人生の転機となった瞬間です。どうしても欲しい！　いや欲しいと言うより「私はこれを買わなくてはいけない」というような不思議な感覚でした。子どもを産んでから初めて自分のために自分で買う高額商品。どうせ買うなら最強機種と使えもしないのになぜか思い、Apple の Quadra840AV、モニタ、プリンタを約80 万位で購入。自分のスキルは棚にあげ、なにかしたいと思ったときにできない機種じゃダメだと思ったのです。知らないとは恐ろしいことです。無知の極みです。今考えると明らかに最強機種はもっと使えるようになってからでよかった。PC を机に置いてスイッチオン。華麗な音とともに現れる Happy Mac。しかし、いろいろいじってもよくわからない。「ハイそこまで！」っていう感じでした。翌日、書店で山のように本を買い込み使い方を覚えました。当時、PC 系の書籍はとても高額でしたが、覚えられるなら安いものだと全く迷いもなく購入。毎日が楽しくてしかたない！　しばらくし

てビックリするほどブチブチ切れる NTT のインターネット回線を繋ぎ、海外のさまざまなサイトを訪れては刺激をもらっていました。半年もすると息子たちが書いた絵に子どもたちの声でナレーションを入れ、絵本のようなものを作ったりして遊べるくらいになりました。とくに習いに行ったわけでもなく、私の PC スキルは本とウエブ検索 100％です。

　ある日、ネットサーフィンをしていたら、子どもたちに愛されている面白いサイトを見つけました。ニューヨークに拠点がある Kids' Space Foundation（キッズスペース財団）ができたばかりのときで、ボランティア団体からできたこの財団は、子どもの国際交流の場を WEB 上に構築していました。子どもが、サイトにお話や絵や音楽を投稿する仕組みです。例えば、わが家の息子が書いた絵に米国の子どもがストーリーをつける。どこかの国の子どもが作った音楽に、言葉も文化も違う国の子どもが詩をつける。世界中に友達を作りたい子どもたちはペンパルボックスに登録するなど、自由で創造性あふれるすばらしい環境でした。子どもたちが自分で投稿できるようにサイト内のことは、ガイド役のくまのキャラクターが教えてくれ、創作活動を楽しみながらインターネットマナーを学ぶ工夫もされていました。立ち上げたのはその頃コロンビア大の大学院に留学していらした日本人の大庭さち子さん。私はさっそく息子が書いた絵を子どもたちと一緒に投稿しました。キッズスペースのギャラリーに飾られ、息子たちは大喜び。その頃はまだ日本から参加している子どもは 10 人ほどでした。Kids' Space 日本立ち上げの際に招待状をいただき、息子とレセプションに参加したところ、息子が投稿した絵を額に入れてプレゼントしていただき大感激しました。

　私の日常にインターネットが不可欠なものとなり、Adobe のソフトを使い仕事をこなすようになりました。この 30 年ネットにアクセスしない日はほとんどありません。子どもが幼いときでも家で仕事を続けていくことを可能にしてくれたのは、創造性をかり立て、努力次第でとびきりの結果をもたらしてくれるパソコンという文房具があったからです。私の人生にとても大きく貢献してくれました。PC はイメージや思いを形にするにはなくてはならない道具です。私はアナログな人間ですが使っている道具はデジタル。WordPress でウエブを作り、Adobe の Illustrator や Photoshop、Premiere を普通に使うのは、わが息子様曰く、60 オーバーの年齢では激レアらしいです。それもこれも理由はないけれど、あのときの「今買わなくちゃいけない」と感じたあの感覚、それが何を示唆していたのかなんてそのときは考えもしませんでしたが、今となっては明確です。自分が感じたことに素直に乗って本当に良かったと心から思っています。好きなことを仕事にしていると生活の中で ON と OFF なんてないのです。常に ON 状態。さまざまなことでいっぱいになるとリセットモードに入り、そしてまた ON モードです。マッキントッシュと出会って 30 年を越え、おかげさまで PC さえあればどこでも考えていることをまとめることができるようになりました。

女性の白髪問題・パンデミックを機に黒髪からグレーヘアに

　60歳を過ぎて、そろそろグレーヘアにしたいと思うようになりました。とくに若く見せたい理由もなく、ありのまま歳を重ねたいと思っているけれど、どのタイミングでどうリセットするかが、仕事をしていると、とても難義で皆どうしているのだろう？　と常々考えていました。

　日々の仕事の流れの中でどのように変貌を遂げるかがなかなか難しいのです。普段染めているので、白髪が伸び始めると段々畑のようなムラが多い中途半端な髪の色になり、段々畑で打ち合わせや商談はなんだか相手に失礼な気がして、白髪隠しのコンパクトでカバーしていたのですが、毎日のことだからとても面倒臭い。ヘアカラーのほとんどに入っている有害物質ジアミンはアレルギー物質として表示義務があり、肌が敏感な人はNGと聞いています。こういう有害物質は、自然に体外に出ることなく、肝臓で処理されずに体内に溜まり続けると教えていただいてから、染めるのを止めるタイミングを模索していました。突然病気や怪我でもして入院したときのことを考えるだけでもなんだか恐ろしい。

　ある日突然グレーか真っ白に染めるというドラマチックな選択技もあるけれど、伸びたときにまだ黒い髪もたくさんあるからこれまたおかしくなる。ウィッグをかぶるという手もあるけれど、私はいまだに結構集中力があるので他のことに集中していると、ちょっとズレても気が付かないという恐ろしい状況を想像すると左右にずれても上下にずれてもそのまま気がつかず、周囲の人を驚かせてしまう可能性が非常に高い。

　一度白髪染めをした人間は仕事をしていたら一生白髪染めをしなければならないのか？　どのタイミングでどのようにすればナチュラルヘアーに戻すことができるのか？　とずっと考えていました。そして2020年パンデミックが起こり、「今だ！　グレーヘア変貌のチャンス！」となった訳です。あれから2年、見事なグレーヘアになりました。相変わらず、くるりと丸めてクシで留めているのですが、耳から前は見事に真っ白けです。耳のラインから後ろは、まだ黒い毛が混ざっていますが時間の問題。家族は老けるから染めたほうがいいと申しますが、なんのなんの、私はとても気に入っています。

　髪が白くなり、母の介護も始まった今、夢だけで終わらないこと、あとどのくらいできるのか？　と考えます。一日24時間しかないから、私が私らしく生きていくために、なんだか毎日寝る間も惜しい今日この頃です。

Tomoko Kirihara

About me and my

Profile

- ■名前　　　桐原幸来
- ■生まれ　　1957 年
- ■出身地　　東京都
- ■所在地　　東京都
- ■趣味　　　旅行・ファッション
- ■血液型　　O 型
- ■星座　　　魚座

プロライフコーチ、美肌コーチ

　美容コンサルタントを経て 18 年前からライフコーチの仕事をスタートする。今まで 2 万人を超える女性にサービスを提供。昨年、それまでの寄り添うライフコーチングをさらにパワーアップし、徹底的に寄り添う「キリーメソッド」としてセッションを行なっている。ハワイと深い縁があり、「キリーメソッド」には言葉を唱えるだけで幸せになれるというハワイ伝統の秘法「ホオポノポノ」の考え方も取り入れている。プライベートでは、高齢出産（37 歳）で男の子を一人出産後、時間が止まったような子育てに没頭 しながらも、少しずつ仕事も再開。離婚後には仕事が友達状態。

● Company Name
合同会社 LIBERTY JAPAN

● Web Site
https://www.killymethod.jp/
https://www.libertyjapan.jp/

● Business 事業内容
○ ライフコーチング業務
○ キャリアカウンセリング業務
○ オンラインショップ（美容商材、
　各種輸入商品、アクセサリー、
　衣料品、バッグ等販売）

独立・起業のきっかけ

　美容の仕事がメイン、副業でライフコーチングの仕事をしている中で、はっきり起業を意識したのは 51 歳で離婚をしたときです。
　子どもを育てるための仕事というのが、当時の一番の目的で、それが理由で起業に対して再認識しました。今思うと、起業に対しての志というようなものは薄かったと思います。

起業へ一歩踏み出すために大切にしたこと

　当時はとにかく経済的に自立しなくては子どもを育てられなかったので、人としてのあり方を大切に生きていたものの、最優先事項は、どうしたら子どもの学費を支払えるか、という現実的なことでした。独立以外選択肢はなかった。身体も心もきついことがありましたが、子どものためだと思うことで、自分を癒していたのかもしれません。

2022 年『一瞬で人生を変える！』
日本地域社会研究所より出版
ISBN 9784890222896
価格：2035 円（税込）

起業して良かった点

　前に進めたこと。自分の力は非力だと思い知らされることもありましたが、それでも前に進もうと努力している自分を好きになれました。そして、仕事をする上でたくさんの人との関わりがありました。良いこともそうでないこともありましたが、多くの人との関わりを経験し、起業当時は薄かった仕事に対する「志や在り方」が育っていきました。今は本業としているライフコーチという仕事はその人との関わりがなければ生き甲斐にならなかったと思います。

大変だと感じた点

　ビジネスや人生において、目的を共感できる人になかなか巡り合えず、一匹狼で仕事をするしかなかったこと。親しい友達と、ビジネスに関する考え方を共有できるビジネスパートナーや仲間は違うと思っています。どちらが良い悪いではなくて、共有する時間や思いの目的も目標も違います。尊重し信頼し合えるビジネスでの仲間に、もっと早く出会えていたら、成長はより速かったと思っています。

今後の展開

　ライフコーチという、人の人生を良い方向へとサポートをしていく仕事は、私のライフワークでもあります。コーチングはもちろんですが、生きる目的を見つけ、元気になった先にあるその人の現実や仕事を、それぞれの人が良いものにしていくために、お互いが高め合える「つながり」を作りたいと、プロジェクトをスタートしています。人を信じるためには、まず自分を信じることが必須です。自分を信じられない人は人を信じることが難しい。自分を信じるということも一緒に考えながらビジネスをしていけるようなコミュニティーを作りたいと考えています。みんなで良くなるコミュニティーです。

With/Post コロナでの変化

　コロナ以前は 100% リアルでの仕事でしたから、パンデミックで収入はほぼゼロになりました。どうすればいいか、できることを考え、オンラインで仕事をするやり方やオンラインでのマーケティングを学びました。正直なところ、ライブ配信を毎日やったり、パソコンやプラットフォーム、ソフトの使い方を学んだり、65 歳の私には簡単ではない時間でした。しかし、年齢や自分の状況はビジネスにおいてなんの言い訳にもならないので、夢中でやっていた感じです。なぜなら、それをやらなければ私は前に進めないとわかっていたからです。そのおかげで、夢だった、世界のどこにいても仕事ができる生活を創っていけると確信できて、今は感謝したいくらいです。オンラインでの仕事など何もわからなかった私が、やってみたらできたのは、夢中でやれる環境のおかげ、人のつながりのおかげです。今は、自分の自由が広がりました。今も年に 2 度ほど海外に出る機会がありますが、長期海外にいられるのは、海外でも仕事ができる環境を作ったからです。

起業を志している人へのメッセージ

　人生を変えたい、自分らしく働きたいと思いながら、同時に自分には無理だとか、失敗したらどうしようというネガティブな思いから、前に進まない人が驚くほど多い。「人生を変えたい」と思ったときがチャンスですが、皆そのチャンスを自ら見逃してしまう。「変えたい」という強い思いがあるときが、足を一歩前に出すための力が一番強いときです。行動すればいいのです。失敗など誰もがするし、失敗でやり方を学んでいくのが生きることであり、仕事を自分らしく創っていくことができる。まずやってみること。私はやってから考えてきました。もちろん、失敗の数は数えきれないですが、失敗の数は後の選択肢の幅を広げてくれます。私も、数々の失敗から自分が勝手に抱く恐れに対しての勇気が大きくなりました。もう一つ大切なのは、一緒に育ち、よくなっていける仲間を見つけることです。仲間の存在によって、自分の力は想像以上に発揮されます。

私の仕事はライフコーチ

　コーチングを学び「自分らしい」をブレンドしたら、キリーメソッドという形になりました。キリーメソッドという形にしたわけは、自分と同じくいろいろな方に自分らしく生きる手法を伝えていきたいからにほかなりません。キリーメソッドはプロライフコーチ桐原幸来の今までの学びと経験から考案した完全オリジナルのメソッドです。

　私の経験の大部分は「失敗」という言葉で埋め尽くされています。現在、世の中にはたくさんのコーチング手法がありますが、私が大切にしているのは、人はみんな違うということです。そして正しい道もやったほうがいいことも皆違うということ。ですが、自分らしく輝きたいと思っている人の多くは、他者と同じような人生に憧れ、同じような生き方を選択し努力する。結果、自分らしくは輝けず、同じところをグルグルと回って自分の道を見つけられずじまいになるケースです。他者が上手くいったことにチャレンジして、それができないと自分はダメだと思ってしまう自己否定に終わるケースが思いのほか多いのです。

　メンターの真似をすることは悪いことではありません。最初は依存や真似から始まるものです。真似をしながら本当に自分が望んでいることを、自分自身が理解していくことがとても大事なことになります。ほとんどの人が、そこを無視してしまうので、前より目に見える部分では上手くいっているような気がしても、自分自身の中には「ねばならぬ」ことが増えていき、一向に輝けない。逆に辛くなっていってしまいます。その人がダメなのではなく、そのやり方、道の選び方が、自分に合っていないだけです。

　自分を知って、あり得ないほどたくさんある本来の自分のいろいろな感情のパーツを見て、自分らしく輝く組み合わせを考えていくのです。あなたにとって最悪だと思うパーツも、他のパーツと組み合わせると、なんとも言えない独自の輝きを放ちます。キリーメソッドはここを一番大事にしています。そして、「自分を理解する」ことは楽ではありませんから、徹底的に寄り添うスタイルでライフコーチングをしています。

キリーメソットでこんな自分に変わる

日常では

◎自分らしさがわかる。
◎自分の苦手や得意（強み）を理解できるので、
　進みたい方向と進むべき道がわかる。
◎人間関係がうまくいく。
◎好きなことをして好きな人と生きられる。
◎自分を好きになる。
◎自分の役割がわかる。
◎自分らしく輝いて豊な人生を送れる。

仕事においては

◎楽しんで仕事ができる。
◎自分らしい輝きを知ることができる。
◎時間の使い方にメリハリができる。
◎やるべきこととやらなくてもよいことの判断が
　自分でできるようになる。
◎ファンの集まる発信ができるようになる。

私は自己肯定感が低くかった

　もともと私は自己肯定感が低く、人生を生きにくいと感じていました。若い頃は生きにくさから生まれるストレスがあり、その原因はすべて社会や自分以外の人達のせいだと息まいていた時期もあります。今思うと本当に恥ずかしいですが、あの頃の自分はそうして抵抗することが精一杯だったのだと理解しています。

　誰もが自分らしく生きたいと思っているし、自分の輝きを見つけたいと願っています。でも、若い頃の私はその自分の輝きを見つけるための自分を見ていなかった。常に無意識に周りと自分を比較したり、自分の価値を誰かの輝きと比べて判断したりという毎日は、自分を大切に生きるということからかけ離れています。時間はかかりましたが、それでもそこから抜け出せたのは「自分を知る」ことができたからです。答えは自分の中にしかないんだと、今は100％そう思います。そして自分らしい輝きを見つけることができました。

　この経験を生かして構築した、自分らしく輝いて豊かに生きるためのメソッドを作りました。「キリーメソッド」は自由な人生を得られるためのメソッドです。仕事も恋愛も家庭生活も人間関係も、そのすべてに関わるのはあなたの中にあるあなた自身です。

　キリーメソッドを開発できたのは、過去の自分が自己肯定感が低かったからにほかなりません。コロナの問題が起こってから、世の中は激変の流れとなり、先に何が起こるのか誰にもわからないし、不安は今も拭えません。ですが、私はある意味やっと自分の選択で生きることが、肯定される時代になったのではないかと思っています。できないことを嘆くより、できることの中で好きなことを一つひとつ楽しんでやっていくことができたら、人生は良い方向に流れていくのではないでしょうか。ところが、一人の力というのは一人っきりだと 50％くらいしか発揮できなくて、本当はもっと力を持っている人が、自分の力や能力に気づかずに埋もれている。もし、そういう人達が集まったら、質の高い情報や自分とは違うやり方に触れることができ、自分の力は 100％以上に出せるということはよくあります。

これからは、どんなときにも大切なのが仲間だと思っています。
　自分にとってどんな人達が好ましく、どういう考え方に共感するのか、まずは最低限自分を知っている必要があります（思い込みや人の価値基準での判断ではなく）。良い仲間に巡り会い、良い仕事、良い生活を創っていくためにも最初にすることが、自分を知ることだと思うのです。

　自分を変えたいとか自分らしく生きるとき、さまざまな恐れや不安を抱くのは私も同じでした。でもね、人生はそんなに難しいものではないと思うのです。難しくしているのは私達自身。その理由は観念や思い込みです。そして自分を見失った中で、もがきながら一生懸命努力しいたのが過去の私で、負のスパイラルをグルグルしていたと思います。自分らしく輝いて豊かに生きていく。そして、今モヤモヤの中にいたとしても、一瞬で人生は変わるのです。苦しみや寂しさの原因も、解決策も、あなたの中にしかないです。だから、今、人生を変えたいなら、足を一歩前に出し、行動しながら考えることをお勧めしたいです。

My favorite word

一期一会

　誰でも一人で考えて行動するのは不安なものですが、それ以上に、一人で出来ることには限りがあります。どんなに学んだ人でも経験がある人でも、一人の知識や行動力は小さなものです。特に、2023 年からは更に社会全体の変化が速くなると言われおり、その変化の流れに乗っていくには、以前のような力に頼るビジネスではなく、自分の生き方に合った場所で、共感できる仲間と良い関係をつくることが、結果的に自分の望みを叶えることになり、社会のためにもなると考えています。

　仕事もプライベートも楽しいところに人は集まりますから、仕事を楽しめる環境を作りたいと考え、本書の出版と共に、「スキるん」というコミュニティーを作りました。「スキるん」は一般の方もご参加いただけます。

　自分が良くなることが大切。そして自分が良くなることで、周りが良くなると、更にそれが自分の力になり、環境が整ってきます。一人ひとりとの出会いを大切に「皆んなでよくなりたい」というのが私の思いです。

第 2 章　女性の名言集
Wise Woman Quotes and Sayings

さまざまな分野で活躍する女性たちの生きざまが垣間見える言葉は
時にはやさしく、時には厳しくあなたを支え、力を与えてくれます。

MONEY
お金

◉ ◎ ◎ ◎ ◎ ◎ ◎ ◎ ◎ ◎ ◎ ◎ ◎ ◎ ◎ ◎ ◎ ◎ ◎ ◎

1. Oprah Winfrey　オプラ・ウインフリー　（1954-）
アメリカの TV 番組の司会者・慈善家

All the money in the world doesn't mean a thing if you don't have time to enjoy it.

世界中のお金であったとしても、それを使う時間がなければ何も意味をなさないものです。

2. Margaret Thatcher　マーガレット・サッチャー　（1925-2013）　イギリス第 71 代首相

Pennies don't fall from heaven　—they have to be earned here on earth.

お金は天から降ってきません。この地で稼ぎ出さないとならないんです。

3. Naomi Campbell　ナオミ・キャンベル　（1970-）
イギリスのファッションモデル

I never diet. I smoke. I drink now and then. I never work out. I work very hard, and I am worth cent.

ダイエットはしたことがない。タバコは吸う。ときどきお酒もね。エクササイズもしないの。でも必死に働いてるからそれだけの価値があるの。

4. Vera Caspary　ベラ・キャスパリー　（1918-1987）
   アメリカの作家

Money can be more of a barrier between people than language or race or religion.

お金は、言語よりも、人種よりも、宗教よりも、人々を隔てるものになることがあります。

5. Fannie Hurst　ファニー・ファースト　（1889-1968）
   アメリカの作家

Some people think they are worth a lot of money just because they have it.

ただお金をたくさん持っているというだけで、自分にそれなりの価値があると思い込む人もいます。

6. Marian Wright Edelman　マリアン・ライト・エデルマン（1939-）
   アメリカの活動家

Never work just for money or for power. They won't save your soul or help you sleep at night.

お金や権力のためにだけ働いてはなりません。お金も権力もあなたの魂を救済してくれないし、夜、安眠させてくれるわけではないのです。

LOVE
愛

♡ ♡ ♡ ♡ ♡ ♡ ♡ ♡ ♡ ♡ ♡ ♡ ♡ ♡ ♡ ♡ ♡ ♡ ♡

1. Mother Teresa　マザー・テレサ　（1910-1997）
カトリック教会の修道女・ノーベル平和賞を受賞

Love is doing small things with great love.

愛とは、大きな愛情をもって、小さなことをすることです。

2. Hillary Clinton　ヒラリー・クリントン　（1947-）
アメリカ合衆国の政治家・弁護士・アメリカ第 42 代大統領夫人

All of us have to recognize that we owe our children more than we
have been giving to them.

私たちは皆、子どもたちに与えているよりも、もっと大きなものを子どもたちか
らもらっていることを理解しなければなりません。

3. Mother Teresa　マザー・テレサ　（1910-1997）
カトリック教会の修道女・ノーベル平和賞を受賞

Intense love does not meansure, it just gives.

強い愛とは評価されるものではなく、ただ与えるもの。

4. Yoko Ono　ヨーコ・オノ　（1933-）
　 日本出身のアーティスト

The opposite of love is fear, not hate.

愛の反対は憎しみではなく恐れです。

5. Drew Barrymore　ドリュー・バリモア　（1975-）
　 アメリカの女優・映画監督

We've got to learn there are going to be hard things in our lifetime, but it's love that gives you the strength.

人生にはつらいこともあると学んでいかなくてはいけないけど、愛があなたを強くしてくれるのよ。

6. Nicole Kidman　ニコール・キッドマン　（1967-）
　 オーストラリアの女優

I still completely believe in love and I remain open to anything that will happen to me.

まだ完全に愛を信じているから、何が起きても大丈夫なの。

Health
健康

1. Jane Birkin　ジェーン・バーキン　（1946-）
イギリスの女優

Keep smiling —it makes 10 years off!!

笑い続けましょう。それが10歳若返らせてくれるの！

2. Audrey hepburn　オードリー・ヘップバーン　（1928-1993）
イギリスの女優

I love people who make me laugh. I honestly think it's the thing I like most, to laugh. It curse a multitude of ills. It's probably the most important thing in a person.

私を笑わせてくれる人が大好きです。正直、笑うのが一番好きなの。多くの病気も直してしまうの。人間にとって、おそらく最も重要なものです。

3. Coco Chanel　ココ・シャネル　（1883-1971）
フランスのファッションデザイナー・「シャネル」創設者

Nature gives you the face you have at twenty; it is yo to you to merit the face you have at fifty.

20歳の顔は自然があなたにくれたもの。50歳の顔はあなたの価値そのもの。

4. Marilyn Monroe　マリリン・モンロー　（1926-1962）
アメリカの女優

No one ever told me I was pretty when I was a little girl. All little girls should be told they're pretty, even if they aren't.

少女時代、かわいいなんて言われなかったの。たとえそうでなくても女の子はみんなかわいいって言われるべきよね。

5. Jane Fonda　ジェーン・フォンダ　（1937-）
アメリカの女優

Women are not forgiven for aging. Robert Redforrd's lines of distinction are my old-age wrinkles.

女性には老いが許されないの。同じシワもロバート・レッドフォードにできれば男の貫禄だけど、私にできれば老人のシワよ。

6. Eleanor Roosevelt エレノア・ルーズベルト（1884-1962）
アメリカ第 32 代大統領夫人

Beautiful young people are accidents of nature, but beautiful old people are works of art.

美しく若い人は自然のいたずら、でも歳を重ねても美しい人は芸術です。

MEN AND WOMAN
男と女

★ ☆ ★ ☆ ★ ☆ ★ ☆ ★ ☆ ★ ☆ ★ ☆ ★ ☆ ★ ☆

1. Margaret Thatcher　マーガレット・サッチャー　（1925-2013）
イギリス第 17 代首相

In politics, if you want anything said, ask a man; if you want anything done, ask a woman.

政治において、言って欲しいことがあるのであれば、男性に頼みなさい。やって欲しいことがあれば女性に頼みなさい。

2. Gliria Steinem　グロリア・スタイネム　（1934-）
アメリカの社会活動家

I have yet to hear a man ask for advice on how to combine marriage and a career.

結婚生活とキャリアをどのように両立させていけばよいか、アドバイスを求める男性の声を、未だかつて聞いたことがない。

3. Anais Nin　アナイス・ニン　（1903-1977）
フランス出身の作家

How wrong it is for a woman to expect the man to build the world she wants, rather than to create it herself.

女性にとって自分が望む世界を男性につくってもらうことを期待するなんて大間違い。自分でそれを作り出すほうがずっとよい。

4. Marlene Dietrich　マリーネ・デイートリッヒ　（1901-1992）
　ドイツの女優

Most women set out to try to change a man, and when they have changed him they do not like him.

女性は男性を変えようとするが、変わるともう好きではなくなってしまう。

5. Sarah jessica Parker　サラ・ジェシカ・パーカー　（1965-）
　アメリカの女優

it's like riddle of the Sphinx…Why are there so many great unmarried women, and no great unmarried men?

スフィンクスの謎かけみたいだけど、なぜ独身のすばらしい女性はたくさんいるのに、すばらしい独身男性はいないの？

MARRIAGE
結婚

1. Greace Kelly　グレース・ケリー　（1929-1982）
ハリウッド女優からモナコ公妃へ

Women's natural role is to be a pillar of the family.

女性の生まれ持った役目は家族の柱となることです。

2. Marlene Dietrich　マリーネ・ディートリッヒ　（1901-1992）
ドイツの女優

Aman would prefer to come home to an unmade bed and a happy woman than to a neatly made bed and an angry woman.

男性は整えられたベッドで待つ不機嫌な女のところよりも、乱れたベッドで待つハッピーな女性の元へ戻りたがるものよ。

3. Elizabeth 1　エリザベス1世　（1533-1603）
イングランドとアイルランドの女王

I do not want a husband who honors me as a queen, if he does not love me as a woman.

私を女性として愛さずに、女王としての私を尊敬する夫は望みません。

4. Anne- Sophie Swethhine　アニー・ソフィー・スヴェチン （1782-1857）　ロシアの宗教家

To love deeply in one direction makes us more loving in all others.

1つのことを深く愛することで、他のことをもっと愛するようになるのです。

5. Helen keller　ヘレン・ケラー　（1880-1968） アメリカの教育家・社会活動家

What we have once enjoyed we can never lose. All that we love deeply becomes a part of us.

一度でも楽しんだことを、私達は決して失うことはありません。私達が深く愛したものは、私達の一部となるのです。

6. Heidi Klum　ハイディ・クルム　（1973-） ドイツ出身のスーパーモデル

Sure, climbing Mount Everest would be cool, but that's something I would now like to do as a Family. Big experiences like that I don't want to have on my own anymore. i want to share them.

エヴェレスト山に登るのも素敵だけど、それを家族とやりたいの。大きな経験は自分だけではなく、家族とシェアしたいから。

DETERMINATION
決断

1. Rosa Parks　ローザ・パークス　（1913-2005）
アメリカ公民権運動の母

I have learned over the years that when one's mind is made up, this diminishes fear;knowing what must be done does away with fear.

人々が決心さえすれば恐怖が軽減することを、私は何年もかけて学んできました。何をしなければならないかを知ることこそが、恐怖を消し去るのです。

2. Helen keeller　ヘレン・ケラー　（1880-1968）
アメリカの教育者・社会活動家

Life is either a daring adventure or nothing at all.

人生は、勇気をもって挑む冒険に出なければ、無意味なものです。

3. Mrgaret Thacher　マーガレット・サッチャー　（1925-2013）
イギリス第 17 代首相

I usually make up my mind about a man in ten seconds, and I very rarely change it.

人に関する判断はたいてい 10 秒以内で、それを変えることは滅多にありません。

4. Ingrid Bergman　イングリッド・バーグマン　（1915-1982）
ハリウッドで活躍したスウェーデン出身の女優

You must train your intuition. You must trust the small voice inside you which tells you exactly what to say, what to decide.

直感を鍛えましょう。言うべきこと、決めるべきことを教えてくれる小さな声を信じねばならないのです。

5. Sarah Jessica parker　サラ・ジェシカ・パーカー　（1965-）
アメリカの女優

So many roads. So many detours. So many choices. S many mistakes.

たくさんの道がある。たくさんの回り道もある。
たくさんの選択があって、たくさんの間違いもある。

6. Audre Lorde　オードリー・ロード（1934-1992）
アメリカの社会活動家

Life is very short and what we have to do must be done in the now.

人生はとても短いものだから、私たちがしなければいけないことは今すべきだ。

121

DIFFICULTY
困難

⊚ ⊚ ⊚ ⊚ ⊚ ⊚ ⊚ ⊚ ⊚ ⊚ ⊚ ⊚ ⊚ ⊚ ⊚ ⊚ ⊚ ⊚ ⊚

1. Helen Keller　ヘレン・ケラー　（1880-1968）

Be of good cheer. Do not think of today's failures, but of the success that may come tomorrow.

元気を出しましょう。今日の失敗ではなく、明日訪れるかも知れない成功のことを考えましょう。

2. Susan Boyle　スーザン・ボイル　（1961-）　イギリスの歌手

I was slightly brain damaged at birth, and I want people like me to see that they shouldn't let a disability get in the way. I want to raise awareness—-i want to turn my disability into ability.

私は出生時に脳に軽いダメージを受けましたが、私のような人たちに、障害で自分の道をふさいでほしくないのです。わかってほしいの。私は生涯を才能にしたいのです。

3. Angelina Jolie　アンジェリーナ・ジョリー　（1975-）
アメリカの女優

Without pain, there would be no suffering, without suffering we would never learn from our mistakes. To make it right, pain and suffering is the key to all windows; without it, there is no way of life.

痛みがなければ苦しまないし、苦しみがなければ間違いから学ぶこともありません。間違いをただすには痛みと苦しみがすべての窓を開けるカギとなります。それがないと生きられません。

4. Hillary Clinton　ヒラリー・クリントン　（1947-）
アメリカの政治家・弁護士

The challenges of change are always hard. It is important that we begin to unpack those challenges that confront this nation and realize that we each have a role that requires us to change and become more responsible for shaping our own future.

変化を成し遂げようとすることはいつだって困難だ。この国が直面している難題を取り出し、私たち自身が変わり、そして私たち自身の未来を構築することに責任ある役割を、皆が担っていると理解することが大切なのだ。

5. Tina Turner　ティナ・ターナー　（1939-）　アメリカの歌手

I didn't have anybody, really, no foundation in life, so I had to make my own way. Always from the start. i had to go out in the world and become strong, to discover my mission in life.

人生において私には拠り所になる人も場所もなかったわ。だから私は自分の力だけで人生を歩んだのよ。最初から、いつだって私は世界に乗り出して、人生の使命を見つけるため強くならなくてはいけなかった。

6. Alanis Morissette　アラニス・モリセット（1974-）
カナダの歌手

When pain brings you down, don't be silly, don't close your eyes and cry, you just might be in
the best position to see the sun shine.

痛みに落ち込んでも、やけにならないで。目を閉じて泣いたりしないで。あなたは陽の光を見るのに最高のところにいるはずよ。

WORK
仕事

1. Madonna　マドンナ　（1958-）
アメリカの歌手

I'm ambitious. But if I weren't as talented as I am ambitious, I would be a gross monstrosity.

私は野心に満ちているの。でももし才能のない野心家だったら、気持ちの悪い化け物ね。

2. Estee Lauder　エスティー・ローダー　（1906-2004）
化粧品ブランド「エスティーローダ」創業者

I didn't get there by wishing for it or hoping for it, but by working for it.

私はただ願ったり望んだりしたことでそこへ到達したことはありません。そこへ到達するために働いて到達したのです。

3. Judy Garland　ジュディー・ガーランド　（1922-1969）
アメリカの女優・歌手

If I am a legend, then why am I so lonely?

私が伝説なら、なぜ私はこんなにも孤独なの？

4. J. K. Rowling　Ｊ・Ｋ・ローリング　（1965-）
イギリスの作家『ハリーポッター』シリーズの作者

It is important to remember that we all have magic inside us.

私たちみんなが、自分の内に魔法を持っていることを覚えておいて。

5. Jodie Foster ジョディー・フォスター　（1962-）
アメリカの女優・映画監督

This is such a big deal, and my life is so simple. There are very few things—- there's love,and work, and family.

これはとてつもなくすごいことだけど、私の人生はシンプルなの。愛、仕事、家族。それだけなの。

6. Anna Wintour アナ・ウインター（1949-）
イギリスの出身雑誌編集者

I didn't know anything. I never pay attention. I'm sure it's not such a good way to be, but I don't really follow market research. And in the end respond to my own instincts.

私は何も知らないし、何も気にしない。よいことではないことは確かだけど、市場調査にも疎い。だから最終的に自分の直観に頼るしかない。

LIFE
人生

1. Diana, Princess of Wales　ウエールズ公妃・ダイアナ
（1961-1997）イギリスの現ウェールズ公チャールズの最初の妃

I like to be a free spirit. Some don't like it, but that's the way I am.

私は自由な精神でいたいのです。それを好きでない人もいますが、それが私という人間なのです。

2. Helen Keller　ヘレン・ケラー　（1880-1968）
アメリカの教育家・社会活動家

The best and most beautiful things in the world cannot be seen even touched. They must be felt with the heart.

世界で最も素晴らしく美しいものは、目で見たり手で触れたりできません。心で感じるべきなのです。

3. Cindy Crawford　シンディー・クロフォード　（1966-）
アメリカのスーパーモデル・女優

if you know what you're doing and feel good about it, you never regret it. if you get talked into something, you always regret it.

自分のやっていることがわかっていて、それに満足しているのなら、決して後悔しないわ。でもそれを言われるままにやっているなら、必ず後悔するわよ。

126

4. Annie Dillard　アニー・ディラード　（1945-）
アメリカの作家

How we spend our days is, of course, how we spend our lives.

日々をどのように過ごすかは、私たちが自分の人生をどう生きるかということなのです。

5. Agatha Christie　アガサ・クリスティー　（1890-1976）
イギリスの作家

I learned that one can never go back, that one should not ever try to go back—that the essence of life is to go forward. Life really is a One Way Street.

人生は後戻りできないのね、そして戻ろうとしてもダメ。人生は前進あるのみ、一方通行なのよ。

6. Vita Sackville-West　ヴィラ・サックヴィル・ウエスト（1892-1962）
イギリスの詩人・作家

To hope for Paradise is to live in Paradise, a very different thing from actually getting there.

実際にそこへ行きつくこととはかなり違いますが、楽園への希望を持つことこそ、楽園に生きていることなのです。

Success
成功

1. Marilyn Monroe　マリリン・モンロー　（1929-1962）アメリカの女優

If I 'd observed all the rules, I 'd never have got anywhere.

もしすべてのルールに従っていたら、私は成功なんかしていなかったわ。

2. Florence Nifhtingale　フローレンス・ナイチンゲール（1820-1910）　イギリスの看護師

I attribute my success to this—I never gave or took any excuse.

私の成功は……決して言い訳をしなかったから。

3. Diana Ross（1944-）　ダイアナ・ロス　アメリカの歌手

I really, deeply believe that dreams do come true. Often, they might not come when you want them. They come in their time.

夢は叶うって強く信じているの。欲しいときにやってこないこともあるけど、準備ができたらやってくるの。

4. Margaret Thatcher マーガレット・サッチャー （1925-20136）
イギリス第 71 代首相

I think it is a mixture of having a flair for the thing that you are doing; knowing that is not enough that you have got to have hard work and a certain sense of purpose.

自分のできていることが才能だと知るだけでは不十分です。一生懸命働いて、確かな目的意識を持たないといけません。

5. Harriett Woods　ハリエット・ウッズ （1927-2007）
アメリカの政治家（ミズーリ州初の女性知事　第 42 代）・活動家

You can stand tall without standing on someone. You can be a victor without having victims.

誰かの上に載らなくても堂々と立つことができます。犠牲者を出すことなく勝者になれるのです。

6. Audrey Hepburn　オードリー・ヘップバーン（1929-1993）
イギリスの女優

Success is like reaching an important birthday and fining you're exactly the same.

成功って、大切な誕生日が来たようなものね。やっと来たからといっても何かが変わるわけじゃないでしょ。

ATTITUDE
態度

~~~~~~~~~~~~~~~~~~~~~~~~~~~~~~~~~~~~~~

1. Audrey Hepburn　オードリー・ヘップバーン　（1929-1993）
アメリカの女優

As you grow older you will discover that you have two hands; one for helping yourself, the other for helping others.

年をとると2つの手があることに気づきます。自分を助けるための手と、他人を助けるための手です。

2. Grace kelly　グレース・ケリー　（1929-1982）
ハリウッド女優からモナコ公妃へ

Getting angry doesn't solve anything.

怒るということは、何の解決にもならない。

3. Oprah Winfrey　オプラ・ウインフリー　（1954-)
アメリカの TV 番組の司会者・慈善家

Lot of people want to ride with you in the limo, but what you want is someone who will take the bus with you when the limo breaks down,

たくさんの人々があなたと一緒にリムジンに乗り込みたいと思うでしょうね。でもあなたに必要なのは、リムジンが故障したときに、あなたと一緒にバスに乗ってくれる人なのよ。

4. Beyonce'　ビヨンセ　（1981-）
　アメリカの歌手

Trust is really important, just in relationships in general. i really don't like people that aren't real people around me at all.I don't like people that are 'yes' people.

信頼こそが、一般的な関係においては本当に重要なの。私は私の周りにいる誠実ではない人たちが嫌い。イエスばかり言う人たちも嫌い。

5. Susan Boyle　スーザン・ボイル　（1961-）
　イギリスの歌手

There are enough people in the world who are going to write you off. You don(t need to do that to yourself.

この世にはあなたを見限る人はたくさんいます。自分でする必要はないの。

6. Elizabeth 1　エリザベス 1 世（1533-1603）

The stone often recoils on the head of the thrower.

石はいつでも投げた人の頭上にはね返るものなのです。

CHANCE
チャンス

1. Marie Curie　マリー・キュリー　（1867-1934）
女性初のノーベル賞受賞者（キュリー夫人）

I never see what has been done; Ii only see what remains to be done.

私は、何が行なわれたかに関心はなく、他にすべきことは何かだけを見ています。

2. Ayn Rand　アイン・ランド　（1905--1982）
アメリカの小説家

The ladder of success is best climbed by stepping on the rungs of opportunity.

成功への道は、チャンスの梯子を踏んで上がることなの。

3. Cameron Diaz キャメロン・ディアス　（1972-）
アメリカの女優

Your regrets aren't what you did, but what you didn't do. S I take every opportunity.

後悔っていうのは、何をしたかではなく、何をしなかったか。だから与えられたチャンスはすべて受けるの。

4. Audrey Hepburn　オードリー・ヘップバーン　（1929-1993）
アメリカの女優

Opportunities don't often come along. So, when they do, you have to grab them.

チャンスはそうちょくちょく現れることはありません。だからチャンスがやってきたら、しっかり掴まなければなりません。

5. Kate Moss　ケイト・モス　（1974-）
アメリカのトップモデル

It looks like my career happened overnight, but it didn't. I was basically living on my own from then I was 17 on.

私の成功は、一夜にして成し遂げられたように見えるけど違うの。17歳から自立して生活してるの。

6. Wilma Rudolph　ウィルマ・ルドルフ（1940-1994）
アメリカの陸上選手

Winning is great, sure, but if you are really going to do something in life, the secret is learning how to lose.

勝つこともちろん素敵なこと。でも人生で何かをしようと思うのであれば、その秘訣は負け方を学ぶことです。

FASHION
ファッション

1. Tyra Banks　タイラ・バンクス　（1973-)
アメリカのモデル

I love the confidence that makeup gives.

メイクすることによって生まれる自信が大好き。

2. Cameron Dias　キャメロン・ディアス　（1972-)
アメリカの女優

I'm like every other woman: a closet full of clothes, but nothing to
wear. So I wear jeans.

ほとんどの女性と同じく、タンスは服であふれているのに、着る服はないの。
だからジーンズを履くの。

3. Vivienne Westwood　ヴィヴィアン・ウエストウッド　（1941-)
イギリスのファッションデザイナー
「ヴィヴィアン・ウエストウッド」の創設者

Fashion is very important. It is life-enhancing and, like everything
that gives pleasure, it is worth doing well.

ファッションはとても大切。喜びを与えてくれるすべてのものと同じで、
人生をより豊かにしてくれるから、やってみる価値は十分にあるの。

4. Maria Sharapova　マリア・シャラポア　（1987-）
ロシアのテニス選手

I want to be different. If everyone is wearing black, I want to be wearing red.

人と同じはいやなの。みんなが黒を着るなら、私は赤を着たいの。

5. Coco Chabel　ココ・シャネル　（1883-1971）
フランスのファッションデザイナー・「ココシャネル」の創設者

Dress shabbily, they notice the dress.Dress impeccably, they notice the woman.

下品な装いは身につけているものが際立ちます。完璧に着こなせば女性が際立ちます。

6. Paris Hilton　パリス・ヒルトン（1965-）
アメリカのタレント・ファッションモデル・女優・歌手

No matter what a woman looks like, if she's confident, she's sexy.

どんな見た目でも、自信がある女性はセクシーだわ。

MOTIVATING PEOPLE
やる気にさせる

1. Britney Spears　ブリトニー・スピアーズ　（1981-）
アメリカの歌手

There's always a way. Where there's a will there is a way. You have to believe.

いつだって方法はあるの。石があれば必ずね。信じなくちゃ。

2. Mary Kay Ash メアリー・ケイ・アッシュ　（1918-2001）
アメリカの化粧品会社メアリー・ケイの創業者

Everyone wants to be appreciated, so if you appreciate someone, don't keep it a secret.

誰もが感謝されたいと思ってる。だから、誰かに感謝するなら、それを隠さないで。

3. Lady Gaga レディー・ガガ　（1986-）　アメリカの歌手

If you have no shadows, you're not standing in the light.

影がなかったら、光を浴びていないってことだわ。

4. Maya Angelou　マヤ・アンジェロウ　（1928-）
アメリカの作家

Be a rainbow in someone else's cloud.

誰かの雲の中の虹になりましょう。

5. Diana, Princess of Wales　ウエールズ公妃ダイアナ
（1961-1997）イギリスの現ウェールズ公チャールズの最初の妃

Carry our a random act of kindness, with no expectation of reward, safe
in the knowledge that one day someone might do the same for you.

見返りを求めず、無差別に親切なことをしましょう。いつの日かだれかた
あなたに同じことをしてくれるかも知れないのだから。

6. Aung San Suu Kyi　アウンサン・スーチー（1945-）
民主化運動家・政治家国民民主連盟（NLD）党首・ミャンマー
下院議員・ノーベル平和賞受賞者

We will surely get to our destination if we join hands.

協力し合えば、必ず目的地に到達できるでしょう。

DREAM
夢

1. Lady Gaga　レディー・ガガ（1986-）
アメリカの歌手

You have to be unique,and different, and shine in your own way.

独特で、誰とも違っていて、そして自分なりのやり方で輝かなくちゃ。

2. Angelina Jolie　アンジェリーナ・ジョリー　（1975-）
アメリカの女優

If you ask people what they've always wanted to do, most people haven't done it. That breaks my heart.

聞けばみんなやりたいことはいつでもあるのに、ほとんどの人はやってない。悲しいことだわ。

3. Michelle Obama　ミッシェル・オバマ（1964-）
アメリカ第44代大統領夫人

The only limit to the height of your achievements is the reach of your dreams and your willingness to work for them.

自分が何を達成できるかは、あなたが持つ夢の大きさ、そしてそれに向かって努力したいという意思によって決まるのです。

4. Estee Lauder　エスティー・ローダー（1906-2004）
化粧品ブランド「エスティーローダー」創業者

I was a woman with a mission and single-minded in the pursuit of my dream.

私は夢を追い求め、使命感を持ち、一つの目的にひたむきに向かう女性でした。

5. Mother Teresa　マザー・テレサ　（1910-1997）
カトリック教会の修道女・ノーベル平和賞を受賞

Do not wait for leaders; do it alone, person to person.

指導者が現れるのを待っていてはいけません。一人でもやるのです。人から人へと。

6. Agnes Repplier　アグネス・レプリア（1855-1950）
アメリカのエッセイスト

It is not easy to find happiness in ourselves, and it is not possible to find it elsewhere.

自らのうちに幸福を見出すことは、容易なことではありませんが、それ以外の場所で見つけることは不可能です。

LEADERSHIP
リーダーシップ

1. Florence Nightingale　フローレンス・ナイチンゲール
（1820-1910）イギリスの看護婦・社会起業家

Were there none who were discontented with what they have , the world would never reach anything better.

もし、現状に不満を感じている人が誰もいないとしたら、世界はよりよいものには決して手が届かないのです。

2. Rosa Parks　ローザ・パークス　（1913-2005）
アメリカの公民権運動活動家

Each person must live their life as a model for others.

誰もが、他の人の規範となるように人生を生きなくてはならないのです。

3. Annna Wintour　アナ・ウインター　（1948-）
イギリス出身のファッション雑誌編集者

It's always about timing. If it's too soon, no one understands. If it's too late, everyone's forgotten.

いつでも大事なのはタイミング。早すぎれば誰も理解できないし、遅すぎれば忘れられてしまう。

4. Hillary Clinton　ヒラリー・クリントン　（1947-）
アメリカの政治家・弁護士

There cannot be true democracy unless women's voices are heard. There cannot be true democracy unless women are given the opportunity to take responsibility for their own lives.

女性の声が聞かれなければ、真の民主主義はありえません。女性が自分自身の人生に責任を持つ機会が与えられなければ、真の民主主義はありえません。

5. Jane Goodall　ジェーン・グドール　（1949-）
意義知るの動物行動学者

Change happens by listening and them starting a dialogue with the people who are doing something you don't believe is right.

あなたが正しくないと信じることをなしている人々の声に耳を傾け、会話を始めることで、変化は起きるのです。

6. Diana, Princess of Wales　ウエールズ公妃ダイアナ
（1961-1997）イギリスの現ウェールズ公チャールズの最初の妃

I don't go by the rule book. I lead the heart, not the head.

私はルールブックに従いません。頭でなく、心の赴くまま従います。

RELATIONSHIP
人間関係

1. Halle Barry ハル・ベリー （1966-） アメリカの女優

I think it's always best to be who you are.

あなたがあなたらしくいるのがベストだと思うわ。

2. Audrey hepburn　オードリー・ヘップバーン　（1929-1993）イギリスの女優

For beautiful eyes, look for the good in others; for beautiful lips, speak only words of kindness; and for poise, walk with the knowledge that you are never alone.

美しい目を持つには、人の良いところを探しましょう。美しい唇を持つには、優しい言葉だけを話しましょう。冷静でいるには、自分は一人じゃないという知識と共に歩みましょう。

3. Agarha Christie　アガサ・クリスティー　（1890-1976）イギリスの作家

It is a curious thought, but it is only when you see people looking ridiculous that you realize just how much you love them.

不思議なことに、人々がカッコ悪く見える時が唯一、どんなに愛しているかを実感する時なのです。

4. Yoko Ono ヨーコ・オノ　（1933-）　日本出身のアーティスト

Healing yourself is connected with healing others.

自分自身を癒すことは、ほかの人をいやすことと繋がっている。

5. Elizabeth Bowen エリサベス・ボウエン　（1899-1973）
イギリスの作家

When you love someone all your saved-up wishes start coming out.

誰かを愛すと、眠っていた欲望が溢れだすもの。

6.Helen Yglesias ヘレン・イグレシアス
アメリカの作家

When love comes, it comes without effort like the perfect weather.

愛がやってくるとき、それは何の努力もなくやってくる。まるで完璧なお天気のように。

7.Helen Beatrix Potter　ヘレン・ビアトリクス・ポター
（1866-1943）『ピーターラビット』の生みの親

Most people, after one success, are so cringingly afraid of doing less well that they rub all the edge off their subsequent work.

一度成功をおさめたほとんどの人は、失敗することにビビって次の作品を無難なものにしてしまう。

参考文献：デイビッド・セイン、小松アテナ 著
『心に響く英語名言集　世界の女性編』（2013 年）Ｊリサーチ出版

第3章　起業の準備

How to Start a Business

【考え方】

1. ひとりビジネスなのか仲間と起業するのか

　起業しようとしたとき、ほとんどの人が自分一人で事業を起こす「ひとり起業」になると思います。

　一人でするビジネスはすべて自分で決めてやっていくのですから、自分の考え方がそのまま成果に反映する。つまり成果を左右するのは自分の考え方です。最初からビジネス思考をしっかりと持つことは難しいですが、ビジネスをしながら少しずつ身につけていきましょう。

　ひとり起業の場合、ビジネス思考を持っていないと、上手くいかないことが多くなります。自分のビジネスについて考えることが、ビジネス思考を創っていくことになるので、誰かのビジネスではなく、自分のビジネスについて考えてください。

- ・起業するにあたり自分にどのような経験があるのか。
- ・何がやりたいのか。
- ・最低限必要な生活費や自分の理想の月収や年収はどのくらい必要なのか。
- ・どのくらいの時間をビジネスに充てるのか。
- ・家族のこと。
- ・自分への投資。

　ほかにもいろいろありますが、上記の 5 つくらいは考えておくことをお勧めします。そのうえで、自分は何がやりたいのかを考え決めていきましょう。すべて自分で決めていく自由度があるひとりビジネスですが、自分の考えを持っていないと、人や世の中の流れに流されてしまい、気がついたら自分の考えや理想とはまったく違う方向へ進んでいるということも起こります。ぜひ起業の時点での考え方を、まとめておいてください。

　一方、仲間やビジネスパートナーと複数名で起業するというスタートを考えている人もいると思います。やろうとしていることはビジネスです。あくまでも、ただいい人だからということではなく、ビジネスにおいての考え方、どこを目指しているのか？　という観点でも志に共通点がないと、小さな躓きで崩壊してしまうこともあるかもしれません。

　基本的に、生きることに対してもビジネスに対しても自分が自立した考え方を持っていることが重要です。ひとりビジネスと同じように、まず自分のビジネスの考えを持ち、相手に合わせて妥協するのではなく、それぞれがしっかり自分の考えのもとに、仲間と取り組むことで、さらにビジネスの幅が広がり、社会に貢献できたり喜びが大きくなったりするような仕事を考えてスタートすることが大事だと思います。

2. 何のためにビジネスをするのか

　これは個人差がある項目です。ビジネスだけを考えて成功させるという意味では、「自分らしさとか夢なんて考えていたら、お金は稼げない」と言う方がコンサルタントの中にもいらっしゃいます。間違ってないと思います。ですが、自分は何のために働くのかと考えると、自分を無視した起業の仕方は、少し違うと思います。せっかく自由を得られるひとり起業なのに、自分らしさや、希望、理想を無視して、お金だけの成功を得ることを考えると、生きるという意味で、ビジネス自体が苦しくなるのではないでしょうか。

　もちろん、お金を稼ぐことが、正に自分らしさだという方がいたら、それが一番良い道だと思います。ですが、私が関わってきた多くの人は、それが辛くて起業を決めたり、より幸せなビジネスの仕方を追及している人が多かったです。「何のためにビジネスをするのか」も起業前に考えるべきことです。

3. 何をするのか

起業を決めるとき、

- ・得意なことで起業する。
- ・経験があることで起業する。
- ・好きなことで起業する。

大まかに分けて、この 3 つがあります。

　何をするのかを決めるときに大事なことがあります。それは世の中のニーズ。

　もちろん好きなことで起業したいですが、好きだという情熱だけではビジネスとして成り立たないことが多いのも現実です。好きであり、得意であり、世の中のニーズがあることなら、成功しやすいということです。

4. リサーチ

　起業時も起業後も世の中のニーズや同業他社のリサーチは常に大切です。女性は数字に弱いといわれていますが、今ではリサーチの仕方を教えてくれるところも数多くありますし、自力でも（時間はかかりますが）やっているうちに、自分に必要なことをリサーチできるようになります。コミュニティーに入るというのも良い選択肢の一つ。自分に合ったコミュニティーを選び、そこで信頼関係をつくることができると、安心して仲間に聞いたり教えてもらったり、また、自分の知識をシェアーすることで、信頼される起業家に成長していけます。

5. 自分への投資

　資格を取って起業しても、その資格だけでビジネスが上手くいくものではありません。ひとり起業は、認知、集客、セールスを一人でこなしていくので、取得困難な資格を苦労して取ったとしても、それだけでセールスまでしていくのは、どんなに優秀な人でも難しいです。どんな形であれ、起業後も自己投資をしていくことで、ビジネスがやりやすくなり、自分のフェーズが成長していくと、人脈も変化していきます。

　自分自身もビジネスも成長できるように、自己投資を忘れてはいけません。お金を稼ぐことに直結する自己投資だけでなく、そもそも一番大事なビジネスマインドをどう持つか、といったことや美容など、ビジネスにプラスになることは限りなくあります。自分がやりたいこと、やれることを決めて、焦点をお金だけに合わせるのではなく、自分が叶えたいことにフォーカスし、それに必要な自己投資はするべきだと思います。

6. 目的を持って取り組む

　スモールビジネスにおいての原則
　ビジネスを立ち上げるときに考えることはたくさんありますが、少なくとも次の 5 つは押えておきたいところです。

　　・利益率が高い。
　　・コンスタントに売れる。
　　・独自性が出しやすい。
　　・ターゲットへのアプローチがしやすい。
　　・固定費が抑えられる。

　そして、これを元にビジネスをスタートし行動していくわけですが、スモールビジネスならなおさら、常に意識しておいたほうがいいことがあります。

　　・小さく始める。
　　・価格以上の価値提供をする。
　　・ハイエンゲージメント（高い関係性を積み上げていく）。

　成功者の多くは、自分がやりたいことをビジネスにしてるのではなくて、成功しそうな形からビジネスを考えるのですが、好きなことで生きていくという方法は間違っているわけではないと思います。利益重視を目標にしてビジネスを形から組み立てるのか、好きなことをして利益を出し、生き甲斐のあるビジネスをすることを目標にするのか、これだけでセールスファネル（サービス・商品に対する顧客の関心度を分析し、購入に至るまでのプロセスを段階化すること）はまるで違ってきます。

　好きなことでやっていくというのは素敵な考え方です。でもそれだけで

は上手くいかない可能性が高い現実があるとなったら、ニーズを考えに加え、ビジネスが成り立ちやすい形を基に、自分が好きなこと、得意なことを組み合わせてビジネス設計するという新しい形が作れます。これで独自性があるビジネスに設計することも可能となり、成功率も上がります。何を目標にしてビジネスを設計するのか、目標をしっかり持つことはビジネスにおいて、とても大事な部分です。とくにスモールビジネスの場合、競合が市場内に多数存在し、競争が激しくなっている市場に参入していくにしても、世の中に市場を作るのではなく、自分の周りに市場を作れるかが鍵です。

【起業までのフロー】

1. 起業するジャンル

①どのジャンルで起業するかをしっかり考える

　世の中の変化により、これまでのジャンルとは違ったジャンルが生まれている現代。ユーザーのニーズも多様化しています。ユーザーの価値観やニーズをリサーチし、女性ならではの視点を取り入れて、起業するジャンルに絞っていく。たとえば、大手の引っ越し業者の社長さんには女性が多い。それは女性ならではの細かい視点で、引っ越しの際のあわただしい中で、ユーザーのお困りごとに対応ができるジャンルだからでしょう。男性には気づきにくい「便利さ」や「ありがたさ」を提供することができているのが、人気の理由ですね。

②その仕事、続けていけますか？

　起業したところで、その後、長い年月実績を積み上げていくことが必要です。ニーズの多いジャンルを選んだとしても、自分が継続して取り組める分野でないと事業自体を続けることができません。もちろん、紆余曲折いろいろあるのは当たり前ですが、たとえ、上手くいかない時期があったとしても、継続的に取り組むことに情熱を傾けられるジャンルを探すことが大切です。子どもの頃から時間を忘れて没頭できていることや、長時間続けてもまったく苦にならないことなどがよいかもしれません。

③あなたの強みを知る

　強みとは何でしょう？

　　・これまで経験してきた業務やスキル。
　　・資格。

　自分の好きなことをやりたいという気持ちがある方は、しっかり考えてみてください。

2. 趣味で続けてきた得意なこと

　起業する際にはそういったことから、ジャンルを考えることが多いでしょう。そこから、他者または他社との差別化を図る必要がありますが、差別化できるような強みがない場合でも、複数の強みを組み合わせて差別化が可能です。たとえば、マッサージの経験が 10 年ある人が起業するとき、その人はアロマが好きで、個人的にアロマを楽しんで使っていて、知識もそこそこあったとします。

　　・できること＝マッサージ
　　・好きなこと＝アロマ

　それまでは高齢の方が顧客に多いマッサージ店で働いてきたが、起業するにあたっては、ターゲット層を 40 代 50 代にして、アロマを取り入れた店づくりやメニューも作っていくと考えれば、好きなことをビジネスに取り入れることができ、しかも、昨今ではアロマは広い層にブームです。ニーズもあるのではないでしょうか。これは一つの例ですが、考えるとそういうマッサージから少し軸をずらした起業が可能です。大切なのは、差別化という視点で強みを考えること。まずは、これまでの職歴や経験、資格、習い事や趣味などを書き出してみて、そこにプラスして自分のやりたいことは何なのか、それで起業することは可能なのかを考えてみてください。

ビジネスとして利益を上げられるかを考える

　ジャンルを決める際、利益を出せるかを考えるのは重要なポイントです。どんなに大きな志があっても、利益が見込めないと、ビジネスとしての継続が難しいからです。自分がやりたいジャンルをリサーチして収益が見込めるかを知ることが大事です。余談ですが、どこから見ても収益を出していく難易度が高いジャンルがありますが、それを理解した上でのニッチな

分野へのチャレンジも不可能なわけではありません。覚悟した上での好きなことで起業するというのは、素晴らしいと思います。ただ、その場合、長期に渡り耐えられるだけの資金やサポートが必要だったり、特別なマーケティングを考える必要があるので、そのあたりは考える必要があります。

3. 起業へのステップ

①起業したいジャンルでの実務経験を積んでから起業する

　そのジャンルの実務を経験することで、ビジネスの流れ、業界の内情や問題点などを学ぶことができます。これから起業する分野の知識やスキルを身に着けてから、自信を持って起業する。その場合、大手企業よりも、少人数の企業のほうが、すべてを体験できる可能性が高いので、よいかもしれません。

②新しくスタートする会社や店舗の立ち上げを経験する

　たとえば、コーヒーショップをやりたいとします。開店するにあたり、さまざまに必要な準備を知る必要がありますが、同じようなジャンルの店舗の開店前からの準備に携わることができると、どのように進めていけばいいのかがわかります。そういった、経験をしてから起業するというのも一つの方法です。

③副業としてスタートしてから本格的に起業する

　現在の仕事をしながら、最初は副業として小さくスタートしていく起業です。この方法は主婦の方や現在仕事をもっているが、満足できていないという方に最適なやりやすい起業スタイルだと思います。著者も、現在の本業は副業から始め、今では逆転して副業だった仕事が本業になっています。利点は、最小限のリスクでスタートできることです。

　芽が出なかった場合も、別の分野を試したり、軌道修正していくことがしやすいと思います。現在の仕事より、副業の収入が上回ったときが、完全な起業のタイミングと考えればよいでしょう。また最近では2つ3つの仕事を同時にしていく働き方をする人も増えています。

④とにかくやりたいことをやってしまう

　これは無謀と言う人もいるかもしれませんが、本当に好きなことをやっていると、寝食を忘れて没頭する時間が苦痛でも何でもなく、それ自体が楽しさであったりします。とくに、副業する場合は、家族に生活できるだけの収入がある人がいる場合には、家族で相談の上で好きなことしかしない起業というのも素晴らしいことだと思います。大切なのは、自分が覚悟すること。良いときもあれば悪いときもあるということを、しっかり頭に入れて、夢中でやるというのは悪いことではないと思います。

4. 計画は具体的に、長期的な視線で考える

①事業計画書

　起業したい女性はとても多いですが、夢で終わってしまうケースも多いのは残念です。そうならないために、自分がやろうとしていること、やりたいことを事業計画書という形にして作成するとよいです。初めての起業では、事業計画書と聞いただけで、緊張してしまう人も多いですが、まずは自分だけがわかればいいと割り切りましょう。書式にこだわらなくても大丈夫です。

　　・自分がやろうとしていること。
　　・それを誰に売りたいのか。
　　・同じようなことをやっている人は、どんな売り方をしているのか。

　このようなことだけでも、ノートにわかりやすく書いておけば、迷ったときに見直すと解決の役に立ちます。銀行などから資金を調達するときには、この事業計画書が必要になるので、計画を文字に落としておくことは何かと役に立ちます。つぎの3点に留意して作成してみましょう。

　　1 ペルソナを考えターゲットを明確にする。
　　2 競合や市場のリサーチをする。
　　3 起業後のビジョンや目標を持つ。

②起業に必要な資金

　起業に必要な資金には大きく分けて、「設備資金」と「運転資金」があります。融資を受ける場合には、それぞれに分けての限度額や返済期間が決められるため、とくに融資を受ける予定がある方は、この2つをしっかり考えておく必要があります。

　　・設備資金→事業に必要な設備の購入やレンタル費用（パソコン、椅子、机、事業所の敷金・礼金、リフォーム工事代金など）
　　・運転資金→事業を行なうための経費（仕入れ、給与などの人件費、水道、光熱費、広告宣伝費、支払手数料など）

　3〜6カ月分の運転資金を確保しておく必要があります。お金のことを考えるのは苦手な方が多いですが、それも仕事の一部と割り切って考えていきましょう。

5. 人脈を活かし広げる

　起業を成功させるために、人との繋がりはキーポイントともいえます。そのための努力は常にする必要があります。人と人との繋がりはビジネス

を始めるにあたって、大事な部分です。

①紹介

　幅広い人脈を持っていると仕事を依頼されるチャンスが増えます。仕事の依頼をもらうためだけではなく、困ったときにお互いにアドバイスし合えるような信頼関係を作っておくことで、ビジネスがスムーズに、また楽しくできるものです。

　起業において、今ある人脈を活かすと同時に、常に人脈を広げる努力が必要です。人脈というのは、「知っている」ということではありません。その人に何か頼まれたら、やりたいと思える。その人になら頭を下げて正直に頼んだら受け入れてもらえる。というような信頼がある関係です。女性同士ではライバルとして位置づけ、交流を持たない人もいますが、今からの時代はこれまでよりも、女性起業家同士の仲間をつくり、切磋琢磨しながら一緒に成長していく感覚を持つほうが、いろいろな意味でお互いのメリットが大きいです。

②人脈を広げる

　ビジネスでの人脈と友達とはまったく違うものです。どんなに理解し合った友人でも、ビジネスとなると、伝わらないことも多いですし、友達同士だと客観的になるのが難しいので、アドバイスも感情的になりがちです。ビジネスに活かせる人脈がない場合は、女性起業家または女性が集まるセミナーや交流会に参加するのも一つの方法です。

　最近ではオンラインでのビジネスグループも多く存在します。SNSを活用し、同業の人と繋がるチャンスとなります。いずれにしても、人脈を広げるためには、そこで自分が協力できることを積極的にしたり、自分から多くの人に理解してもらえるように行動していくといいでしょう。

6. 起業前の準備

　自分がどんな人で、何をしていて、どんなことができるのか、それが伝わるようなブランディングは大切です。ブランディングに関しては起業する前からできることなので、準備する段階で、しっかりとブランディングしておく必要があります。

①名刺

　オンラインの仕事が増えて、名刺を渡せる機会が減りましたが、実際に対面できる機会があるときには名刺は自分の顔になります。下記のような方法も効果的です。

　　・顔写真を入れる。　　・分かりやすいキャッチコピーを入れる。

　オンラインで会う場合、ほとんどが Zoom 等になると思いますが、その場合は背景に邪魔にならないような画角でキャッチコピーを入れるなど、参加した方の記憶に残るように工夫をするとよいでしょう。キャッチコピーを工夫することで、自分の強みや事業内容をさりげなくアピールすることができます。

② SNS 発信

　最近ではプロのマーケターの人達も SNS マーケティングを活用しています。SNS はただ数を追うのではなく、自分のターゲット層にアピールしたり、逆に情報を得ることもできます。人となりを伝えるにも SNS を活用できますし、ファンができると、SNS 上で商品やサービスを販売することもできるので、アカウントを丁寧に作り上げていくとよいでしょう。

　個人的な使い方ではなく、自分のビジネススタイルを伝えられるような、色使い、文章、写真など、伝えたいことを常に意識して、統一感を出すのがおすすめ。また、個人的な投稿は人となりを理解してもらうために留め、その際も自分のビジネスを意識して投稿するように心がけてください。

③ブログやホームページ

　ブログも長い文章で自分の考え方を表現できるので、経験年数など、数字を入れて文章を書き、ファンの信頼を得ることができます。自分のビジネス用のホームページにブログを付けてもいいですし、ブログのプラットフォームを使うこともできますが、起業と同時にホームページがあるとビジネスとしての信頼が高まりますから、ホームページがあるといいですね。

　ホームページはビジネスの顔なので、色合いや雰囲気など、ターゲット層を意識して作っていくとよいでしょう。自分にスキルがない場合はプロに依頼するのも一つの方法だと思います。

7. 資金について

　資金については重要なパートです。自己資金の他に国や地方自治体のサポートを受けることも可能です。女性起業をサポートする自治体は多く、また、国にも補助金や助成金があります。その際は、一定の条件を満たしている必要があるので、最寄りの自治体や国のホームページで確認してください。業種にもよりますが、クラウドファンディングで資金調達することも可能です。

　クラウドファンディングとは、オンライン上で不特定多数の人達から資金の調達を行なえるサービスです。補助金や助成金を活用しても足りない場合は、クラウドファンディングでの資金調達を考えてもいいかも知れません。女性起業をサポートする補助金や助成金に関するサイトをいくつか掲載しておきますが、他にも女性起業に関してサポートする民間の団体が多数ありますので、調べてみてください。

事業主の方のための雇用関係助成金

- ・神奈川女性応援サイト
- ・東京都事業主の方への給付金ご案内
- ・ミラサポ plus 経済産業省　中小企業庁
- ・女性、若者シニア起業家支援資金　日本政策金融公庫
- ・女性応援ポータルサイト　内閣府 男女共同参画局

8. サポートしてくれる機関やコミュニティを知っておく

　起業の準備段階で、サポートしてくれる公共機関やコミュニティを知っておくと、困ったときに相談できます。メンタルやマインドの面での行き詰まりが、選択や決断に影響することもあるので、そういったことも対処できるように考えておくことも大事です。自分一人で全部やろうとすると、解決や改善が遅くなる場合が多いからです。そして、メンタル面ではどんな人も他者の目が必要です。多くの成功者も、必ずそういった人達との関わりを持ちながら、大きな成功を収めているのです。

①起業について相談できるサポート機関を探しておく

　起業準備ではわからないことや初めてのことだらけです。問題や悩みも出てきて当然。悩みは業種や年代によっても異なるので、幅広い年代の先輩起業家と繋がりをもつことで、的確なアドバイスをもらえ、慌てずに前に進めます。

　なかなか身近に相談できる人がいない場合は、サポート機関やビジネスコミュニティーがたくさんあるので、自分に合う場所を見つけておくと安心できます。

②相談できる専門家

A. ビジネス専門のコンサルタント

　的確に導いてくれるのがメリット。半面自分がしっかりと軸をもっていないと、気がついたら自分が生きたい方向とは違う道を歩いているということもあり得ますから、自分のビジネスをどうしたいのか、誰に何をどんな目的で売っていきたいのかなど、しっかりと決めてからコンサルを依頼することをおすすめします。

B. ビジネスコーチング（ライフコーチング）

　起業していく中で、実務的な問題の他に、自分の軸が見えなくなって迷うことも多くあります。とくに女性の場合は、利益だけを追求したいという人は少なく、人のために役に立つことがしたいと心に描いている人が多いので、利益を上げて継続していくことと、自分の思うビジネスへの目的の狭間で悩んだり、進みたい方向がぼやけてしまうことがあります。そんなときは、自分の原点に戻って、自分が軌道を修正するためにサポートをしてくれる、ビジネスコーチング（ライフコーチング）をおすすめします。

　どんな人にも迷いはあります。迷いが出たときに一人で解決することが解決にならず、深みにハマっていくと、ビジネス自体が成り立たなくなるケースもあります。自分でしっかり自分を支え、ビジネスの相談をしながら、自分が決めていくために相談できるビジネスコーチを持つのも一つです。

桐原幸来

おわりに

　最後まで読んでくださり、ありがとうございます。

　本書を読みながら、皆さんはどんなことを頭に浮かべ、何を心に問いかけたでしょうか。その問いかけはあなたを一歩前に進ませてくれるようなポジティブなものだったでしょうか。

　私は現在ライフコーチを生業としています。クライアント様のほとんどは女性です。多くのクライアント様の話を聞いていても感じますが、今回、本書を出版するにあたり、たくさんの女性と会い「諦めない」ことについて話を聞いて強く感じることがあります。

　私達はなぜ諦めないのか……

　それは決してお金のためだけではなく、名声のためでもなく、ただ自分らしく納得のいく素敵な人でありたいという思いだと。
　もちろん快適な暮らしのためにお金は必要ですから、必要なお金は自分で稼ぎ出す、または稼いだお金を好きな人（家族や友達）と良い時間を過ごすために使うなど、幸せであるために必要なお金は稼ぎたいと、考えています。しかし、それはお金のために働いているかというと、そうではないのです。

　仕事をする中で、失敗など山ほどあります。でも、後になってみればその失敗と思った事象こそが、成功の道（チャンス）だったといえます。もしあの失敗がなかったら、今の生活はなかったかもしれません。
　確実に言えることは、チャレンジや変化から逃げていたら失敗はないですが、その代償として自分の自信は失われていくということです。なぜ失敗が怖いのか。それはなくすのが怖いからだと言ってもいいと思います。今持っている物やお金や人をなくさないために何もしないというのは、人生においてあまりにももったいない選択に思えてなりません。

　人にとって一番苦しく、あるラインを超えると心の病にもなりかねないのは、自分を嫌いになることだと思うのです。つまり極度の自己否定になると、人は自分を支えることができなくなってしまう。私達は無意識レベルでも自分を好きでいられるように日々努力しています。

　そう考えたとき、チャレンジしない自分、変化から逃げる自分をずっと好きでいられるでしょうか。親がいるから、子がいるから、経済的に許されない、時間がないなど、どれだけの言い訳をしても、チャレンジしない自分を忘れることはできません。それもこれも自分の選択次第だということです。自分の選択で人生は変えられるし変わる。だとしたら、やってみてから考えて軌道を修正していってはどうでしょう。その一線を越えるのは勇気がいるかもしれません。でもあなたならできると信じてみることはできないでしょうか。

　少し前までは強い人やパワーのある大会社の元で、自分の力をどれだけ発揮できるのか、それを仕事のテーマにする人が多かったですし、そこで頑張ると、ある程度、自己実現も可能だったと思います。ですが、今はどうでしょう。パワーのある場所は少ないですし、そもそものパワーの意味が以前とは大分違います。今では、縦の関係ではなく、どれだけ横のつながりがあるかで、成し遂げられることが違ってきます。大きな一つのパワーではなく、小さなパワーを繋げて大きなエネルギーに育てていくようなパワーが必要な時代だと思います。もし、自分でやりたいことが見つけられているならば、個人だからこそ、決断したそのときから行動に移すことができます。そこまでの思いは多くの方にあるのですが、実際行動していく人はぐっと数が減ります。

　一人は非力だという側面もあります。だからこそ、今必要なのは自分を信じる力と人を信じる勇気です。良い仲間を見つけ、信頼できる情報や安心できる繋がりが自分の力を倍にも三倍にもしてくれることを何度となく実感していますが、あなたはどうでしょう。不思議なもので、そういう仲間ができると、同じような人達が集まってきます。

　皆でその仲間の繋がりを強固なものに育てていく。そこには TAKE だけでなく、当然 GIVE も必要になります。でもだからこそ、一人ひとりが育っていけますし、自分の成長を自分が認めていけるのではないかと思います。人を大切にする仕事の仕方は、お金だけでなく、より深く大きな信頼関係で、あなたの人生そのものを満たしてくれます。それまで怖かったことも、チャレンジできるようになります。

　この本を手に取っていただいたすべての方が前進し、良くなっていただけることを心から願っています。「みんなで良くなりたい」が私の心からの願いです。諦めずに一歩ずつ前に進んでいきましょう。

2023 年 2 月
桐原幸来

著者プロフィール

ヨウコ・チェリル・ニール　Yoko Cheryl NEAL
石とのエネルギーマッチング
あげまん本舗　https://ameblo.jp/agemanhonpo/

金丸敦子（かなまる・あつこ）Atsuko KANAMARU
美顔サロン経営
株式会社 glad fine　https://beglad-595.jp/

須恵ありさ（すえ・ありさ）　Arisa SUE
ビューティー＆カラーコンサルティング
Alisa Closet　https://alisa-closet.com/

阿部リサ（あべ・りさ）　Risa ABE
ヘルス & ビューティー複合的サロン
https://beauty.hotpepper.jp/kr/slnH000333180/

宮口真由美（みやぐち・まゆみ）　Mayumi MIYAGUCHI
アパレル OEM 事業
株式会社マーキット　https://www.girls-leap.com/

房州里香（ぼうしゅう・りか）Rika BOHSHU
美容サロン経営 OEM 事業
クリスタルプレミアムセル　https://lac-guide.com/

藤原栄子（ふじわら・えいこ）Eiko FUJIWARA
北米に特化したマーケティング業務
Knowledge Index Corporation　https://www.kixny.com/
（ノーレッジ　インデックス　コーポレーション）

ケイコ・ベスト　Keico BEST
睫毛エクステサロン経営
Keico's Eyelash　https://keicoseyelash.com/

いとうよしみ（いとう・よしみ）　Yoshimi ITO
商品企画＆マーケティング、食品、雑貨、アパレル事業、編集
YOSHIMI CREATIVE STUDIO
（ヨシミクリエイティブスタジオ）
https://www.yoshimics.com/
https://chiicul.com/（2023年4月より）
https://akarukukaigo.com/

桐原幸来（きりはら・ともこ）　Tomoko KIRIHARA
プロライフコーチ、美肌コーチ
合同会社リバティージャパン（Liberty Japan LLC.）
https://www.killymethod.jp/
https://www.libertyjapan.jp/

イラスト：蝦名龍郎（えびな・たつお）　Tatsuo EBINA
アートディレクター、アーティスト。
1960年東京生まれ。1985年頃から広告を中心にアートディレ
クターとして活動。受賞多数。2010年頃からアート作品の制
作開始。現在はアートディレクション、イラストレーション、アー
ト作品制作に力を注いでいる。
http://www.tatsuo-ebina.tokyo/

諦めない女たち

2023 年 2 月 25 日　　初版第 1 刷発行

著者	ヨウコ・チェリル・ニール
	金丸敦子
	須恵ありさ
	阿部リサ
	宮口真由美
	房州里香
	藤原栄子
	ケイコ・ベスト
	いとうよしみ
	桐原幸来
編集	いとうよしみ
	株式会社 ライト
	ヒナコパブリッシング事業部
	〒214-0037
	神奈川県川崎市多摩区西生田 2-12-6
	TEL (044)952-9188(代表)
	FAX (044)440-3093
	MAIL : n-chiken@raitoinc.co.jp
	HP : http://www.raitoinc.co.jp
発行者	落合　英秋
発行所	株式会社 日本地域社会研究所
	〒167-0043　東京都杉並区上荻 1-25-1
	TEL (03)5397-1231(代表)
	FAX (03)5397-1237
	MAIL : tps@n-chiken.com
	HP :http://www.n-chiken.com
	郵便振替口座 : 00150-1-41143
印刷所	中央精版印刷株式会社